FRANÇOIS MALBAULT

LE ROMAN DE DANTE

Prix : 10 fr.

Librairie académique PERRIN et Cie

LE

ROMAN DE DANTE

FRANÇOIS MALBAULT

LE ROMAN DE DANTE

PARIS
LIBRAIRIE ACADÉMIQUE
PERRIN ET Cie, LIBRAIRES-ÉDITEURS
35, QUAI DES GRANDS-AUGUSTINS
1927

LE ROMAN DE DANTE

CHAPITRE PREMIER

La robuste et belle épouse de Falco di Ricovero Portinari jette autour d'elle un regard où luit son orgueil satisfait.

Tout le confort de l'époque est réuni dans la grande salle, tapis épais sur le carreau, rideaux devant les fenêtres, sièges, tables, chandeliers massifs, plats d'étain dans les vaisseliers.

Elle exprime sa pensée parcimonieuse : « Alighieri possède peu de biens, il n'assemble jamais d'amis autour de sa table, nous ne sommes pas tenus de le prier à la nôtre. »

Falco affirme sa volonté. Il parle avec une fermeté douce :

« Je reçois tous nos voisins et de moins nobles que lui. Il viendra. Avez-vous donc oublié votre Évangile où il est écrit :

« Si vous n'invitez à votre table que ceux qui
« peuvent vous le rendre, vous agissez à la
« manière des païens. »

Les enfants écoutaient la discussion courtoise. Les paroles tombaient dans leur âme, toujours ouverte pour les recevoir, et elles y restaient, inertes en apparence, comme la graine dans la terre attend son heure.

Alighieri fut donc invité aux réjouissances dont Falco allait fêter le baptême de son dixième enfant, aussi benoîtement accueilli que l'avaient été les neuf autres.

Au jour convenu, Alighieri s'apprête à quitter sa demeure. Une jeune femme, servante appelée au rang d'épouse par le veuf désemparé, secoue l'ample vêtement des dimanches. Elle a gardé l'attitude de sa première condition et n'accompagne jamais son mari dans les nobles demeures de Florence. Elle reste volontiers au logis, souvent lasse et négligente.

Le poids d'une nouvelle famille, nombreuse déjà, s'est ajouté aux enfants du premier lit. Ceux-ci, à l'exception d'un seul, sont allés pêcher dans la rivière.

Les petits agitent autour de l'Alighieri leurs faces rondes et barbouillées. Il a lavé ses mains, lissé ses cheveux.

« Vous êtes beau, monsieur notre père. — Vous nous rapporterez du gâteau de miel. »

Alighiero ouvre la porte pour sortir. Une voix prie :

« Voulez-vous me permettre de vous accompagner chez le Seigneur Falco ? »

C'est le fils de la défunte Bella qui parle.

Dans un coin obscur de la grande pièce, on distingue à peine un profil un peu long d'enfant, des cheveux noirs, une blouse terne :

« Je ne suis pas sorti avec les autres parce que je voudrais aller avec vous.

— Pourquoi ?

— Je voudrais voir une fête. »

L'enfant a levé ses longues paupières, des yeux avides ont brillé :

« Il est toujours curieux, celui-là », observe la belle-mère.

Alighieri se montre d'humeur accommodante.

« Je peux l'emmener, a-t-il des hardes propres ?

— Il en a de toutes fraîches raccommodées.

— C'est bien, mon fils, habille-toi. »

CHAPITRE II

Le jardin de Portinari est ordonné comme sa demeure. L'utile y a sa place large, raisonnable, mesurée, sans que la fantaisie florentine en soit exclue. Jardin de ville, ses dimensions sont restées modestes. Rien n'y manque pourtant, ni l'ombre et les fruits de quelques figuiers, ni les fleurs en bordure de l'allée droite qui le coupe, ni la statue de Notre-Dame, toute neuve, haute en couleurs, à demi voilée déjà par les treilles envahissantes qui garnissent la tonnelle dont elle occupe le fond.

Aujourd'hui le jardin est plein de rires et de cris, de gazouillements plus bruyants que ceux des merles en la saison des nids.

De temps à autre Falco, rouge et joyeux, apparaît au seuil de la maison, d'une voix terrible il menace du bâton les jeunes garçons qui sautent à pieds joints par-dessus les plates-bandes.

Ils ne se mêlent pas aux fillettes empêtrées dans leurs robes longues des jours fastes. Elles sont assises comme des matrones au pied des figuiers. Mais, bien qu'elles aient choisi de rester à l'écart, l'éternel instinct, éveillé déjà, les intéresse à ces braillards turbulents, malappris, qui seront des hommes.

Dans les paroles et les yeux des petites filles, ruse et naïveté se mêlent. En leurs chuchotements revient souvent le noble nom des Donati avec une emphase puérile. Corso surtout excite parmi elles un vif enthousiasme. Il les fascine comme il soumet ses camarades par l'ascendant de sa force physique et de son effronterie.

Le joyeux Forese mange encore quelque friandise, emportée de la table abondamment servie.

« Le petit brun, là-bas, demande une fillette, qui est-ce ?

— Vous savez bien, c'est le fils de l'Alighieri.

— Pourquoi ne joue-t-il pas ?

— Il aime mieux rester tranquille, sans doute.

— C'est peut-être à cause de Corso et de Forese, soupire la jeune Picardia ; ils disent que Dante est rageur et mal vêtu. »

Sans bruit, une des filles de Portinari s'est séparée du groupe. Elle se glisse sous l'allée couverte qui borde le jardin. Elle y a parfois promené ses petites oisivetés, elle y a joué à la marelle et aux boules. Aujourd'hui ses pieds menus se hâtent vers un but défini. L'enfant croit savoir où elle va... mais le sait-on jamais ?

Les paroles de Falco : « n'agissons pas comme des païens », demeurées dans le cœur innocent de la fillette, ont reçu des cérémonies du baptême — auquel elle vient d'assister — un commentaire qui l'exalte.

Son clair visage garde le reflet ardent et pur

du désir, si fréquent chez l'enfant, de vivre la vérité qu'il découvre.

Elle croit aller vers le ciel entrevu de la fraternité du Christ, dans la grande paix des divins paradis. Elle va vers tous les orages de la passion et le plus troublé des paradis humains. Elle va vers le fils d'un voisin débonnaire, vers un enfant qui rêve ou qui s'ennuie....

Lui ne l'a pas entendue venir, car l'air est plein de résonances. Il ne la voit pas non plus. Les fleurs ne sont belles ni rares, cependant la générosité de Mai les a multipliées, jusqu'à en former des taches de lumière ardente.

L'ombre est légère et presque bleue sous les figuiers. Le soleil se joue sur les robes solennelles et sur les coiffes des petites filles. Les garçons se poursuivent avec une grâce vigoureuse. Aux fenêtres de la demeure quelques invités, pour prendre le frais, montrent des têtes hilares. L'enfant habitué au décor morose de la maison paternelle, est captivé par celui-ci. Dans les êtres il voit déjà la vie, bien qu'il n'en soupçonne pas le mystère ; l'harmonie, bien qu'il en ignore les lois ; la beauté, dont il ne sait pas même le nom.

La petite fille pose sa main sur la manche du fils d'Alighieri :

« C'est moi. »

La destinée n'en dit jamais plus, qu'elle soit la vocation, la gloire, l'amour ou la mort.

Elle avait les joues un peu rondes encore, et la lèvre courte des enfants très jeunes. Des yeux luisants d'une blancheur et d'une limpidité pareilles à celles de son âme, largement ouverts, ils commençaient à peine à s'allonger vers les tempes. Dans quelques années ses traits, doués de toute la beauté propre à leur âge, revêtiraient plus de féminité ; ils auraient une grâce autre, ils n'auraient pas plus de grâce, ni l'attrait qui, ce jour-là, traverse une heure unique dans l'antithèse des lignes puériles du petit visage avec les sentiments qu'elles allaient exprimer.

Elles n'avaient plus l'âge de la chair mais celui d'une pensée majestueuse et douce.

Le petit garçon, tout interdit, regardait la fillette sans répondre :

« Je ne veux pas que tu t'ennuies tout seul, c'est toi qu'on invite pour que Dieu nous le rende. »

Il ne comprit pas ce qu'elle voulait dire, mais, tombé des lèvres fraîches, solennelles et pures, le mot éternel flotta entre eux. Étrange petite fille qui, au milieu d'une fête, venait parler de Dieu avec l'onction d'un prêtre. Mais comme elle avait une robe couleur de rose et qu'elle était belle, c'est aux anges qu'il pensa.

Il en avait vu dans les tableaux des églises dont il n'était pas satisfait. Pour la première fois il rencontrait l'image qui pourrait illustrer son rêve enfantin du ciel.

CHAPITRE III

Le jeune homme était parvenu tout près de la chaire où le cardinal allait monter; depuis trois heures il était debout sur la place, se frayant avec peine un chemin dans la foule compacte, pressée autour de l'église neuve, ouverte au culte, bien qu'inachevée.

Malgré ses dimensions dont tout Florence était fière — elle devait avoir 426 pieds de long — on avait renoncé à y proclamer « la paix du cardinal Latino ». Elle n'aurait pu contenir l'affluence du peuple en fête, et l'estrade avait été dressée sur le terre-plein, serti de marches, qui faisait à la cathédrale un énorme piédestal.

D'une taille moyenne, qui n'avait pas encore acquis tout son développement, le fils d'Alighiero se haussait pour essayer d'apercevoir les magistrats de la cité, les dignitaires des corporations auxquels les meilleures places avaient été réservées. Mais il se lassa bientôt d'un effort vain et leva les yeux au-dessus de la foule.

Une partie des échafaudages, qui avaient servi pour édifier l'église, attestaient encore les conditions de prévoyance et de labeur auxquelles l'homme est soumis avant de réaliser une œuvre qui le dépasse. La sève et les intempéries les avaient teintées d'une ocre légère. Plus haut dans le bleu pâli d'un ciel d'hiver, la coupole octogonale baignait ses blancheurs neuves. Les parties d'ombre, plus ou moins opaques suivant leur orientation, se détachaient l'une sur l'autre sans dureté. L'atmosphère était claire et douce, une grande paix semblait là, aussi, moins fragile que celle qui allait naître dans l'inconstante volonté des hommes.

La robe rouge du cardinal domina là foule. Il

lisait les clauses de l'accord qui invitait les villes et les familles à l'abjuration des haines et des rivalités. Le peuple répondait :

« Ainsi soit-il, par la grâce du Seigneur. »

Et, comme il est naturel aux foules italiennes de joindre le geste à l'invective ou à l'acclamation, on s'embrassait avec zèle, comme on se serait poignardé la veille.

Dante avait seize ans, l'âge de la plus ardente réceptivité morale. L'émotion de tous ouvrit dans son âme une voix plus large aux idées généreuses qui la cherchaient déjà. Car il était prédestiné à devenir l'un des bûcherons de « cette forêt obscure » des aberrations humaines où le travail du penseur consiste à percer des voies droites vers la lumière.

Lui aussi voulut, dans la foule, se chercher un ennemi pour lui serrer les mains. C'était autour de lui un horizon de visages. Le moindre déplacement des plus proches dégageait des perspectives de profils attentifs à la voix égosillée du prédicateur.

Alighieri n'en reconnut qu'un, profil lointain, perdu, qui laissait deviner à peine les traits parfaitement purs de la fille de Portinari. Toute l'allégresse éparse entra dans son cœur.

Il ne lui avait pas parlé depuis le jour de printemps où elle était venue vers lui dans le jardin en fleurs où rien n'était que jeux d'enfants. Il n'avait jamais revu ce jardin. Alighiero ne fréquentait plus le voisin dont l'épouse l'accueillait avec une déférence insuffisante. Mais le souvenir était demeuré ineffaçable chez l'adolescent.

Aujourd'hui la fille de Portinari était là, telle qu'il pouvait parfois l'apercevoir à l'église, la tête un peu levée, avec une expression fervente et douce, et elle semblait la personnification vivante de toutes les volontés de paix et d'amour qui transfiguraient la foule.

Et c'est bien ainsi qu'il la voyait en rêve chaque fois qu'une pensée religieuse exaltait sa jeunesse. Car elle demeurait en lui comme les portraits précieux de la Vierge conservés dans les chapelles à l'abri du rideau que l'on tire aux jours de fête. Elle était de toutes les fêtes de son âme. Des fêtes de la foi, des fêtes de l'espérance, des fêtes de l'enthousiasme, et il en célébrait beaucoup plus qu'il n'y a de saints dans le calendrier; autant que Dieu a mis de splendeur dans les choses et peut-être déjà autant que le verbe humain a de mots enchanteurs pour les nommer.

CHAPITRE IV

L'attitude d'Alighieri était discutée dans les demeures de l'aristocratie florentine et dans les faubourgs mêmes.

Quelques années auparavant, un cousin d'Alighieri avait péri dans une rixe. On connaissait la main qui l'avait frappé. Le fils de la victime, élevé pour la vengeance, était mort très jeune avant d'avoir accompli son tragique dessein.

Ses trois sœurs s'étaient alors adressées au père de Dante, leur plus proche parent, et l'avaient solennellement adjuré d'exercer les sanglantes représailles sur la famille du meurtrier; Alighieri n'était pas d'humeur à les entendre. Il élevait péniblement sa nombreuse progéniture. Il trouva redoutable d'attirer sur des innocents l'une de ces haines qui de violences en violences s'exaspèrent. La terre était tassée par plusieurs hivers sur la tombe de la victime qui ne fut pas sans torts envers son agresseur. A la véhémente requête de ses cousines, Alighieri avait répondu par des gestes évasifs et des paroles dubitatives.

A la mort de son père, Dante s'était trouvé investi des droits à la vengeance. Il était sensible à l'honneur tel que le comprenaient ses contemporains, et dès qu'il eut l'âge d'homme, les premières ambitions de sa nature ardente le portèrent à assumer la mission devant laquelle son père s'était trouvé défaillant. Ses jeunes camarades le poussaient à l'action arrogante et sauvage; Forese Donati, le bouillant Corso lui offraient au besoin leur aide. Cependant plusieurs notables de la ville l'avaient dissuadé d'un crime inutile et tardif.

Ce jour-là, qui était du printemps de 1283, Dante s'en fut promener solitaire sur la rive de l'Arno. Il avait assez reçu de conseils et d'avis.

Le sentier suit les bords de la rivière, le jeune homme en admirait la transparence qui laissait voir le fond limoneux entre les reflets d'azur dont luisait sa surface. Car on voyait, en regardant les eaux, la terre et le ciel à la fois comme dans une âme humaine.

L'aspect délectable des objets sensibles ne détourne pas ce soir Alighieri de la préoccupation où le jette l'aventure brutale à laquelle il se trouve mêlé. L'heure est venue de faire un choix entre la fierté d'occire et la mollesse d'épargner. Cependant le jeune homme présume que le dessein auquel il va s'arrêter ne le peut satisfaire, et qu'une partie de lui-même en va souffrir, jusqu'au dégoût, dans son orgueil vaincu ou sa miséricorde étouffée.

Tout homme qui pense garde en soi une demeure inviolable et libre à l'abri des préjugés de son époque et de son pays.

Dante n'était pas encore un penseur, il était mieux pourtant qu'un apprenti studieux de la grammaire latine. S'il se tenait encore sur le seuil de la porte que l'étude allait lui ouvrir si largement, il pouvait cependant apercevoir des horizons où la cité florentine avec ses usages et son code de l'honneur tenait peu de place.

Le beau nom « d'humanités », attaché à l'étude des lettres antiques, rend bien cette idée qu'elles se tiennent au-dessus des particularismes d'heure et de lieu pour jalonner la route vers la morale éternelle. Aux heures mêmes où les lois et les mœurs sont féroces autour d'elle, la pensée, par éclats brefs et sûrs, atteste que l'homicide est sans excuse.

Mais ce sont des voix mortes. Celles de l'entourage exalté possèdent une vie dont l'idée pure est dépourvue. Elles sont plus distinctes, plus éloquentes aussi, car à leurs arguments se mêle la passion.

Et c'est bien aussi la passion qu'elles avaient éveillée dans le cœur d'Alighieri, les passions ostentatoires si puissantes sur la jeunesse. La tentation sourde et tenace s'insinuait en lui d'occuper favorablement l'opinion de sa personne, d'étonner, d'être l'homme du jour. Autant que Corso, il pourrait bénéficier de la considération accordée aux forts. A ceux-là, l'empire du monde, le respect des hommes, l'adulation des femmes, des plus belles...

Alors le visage qui est pour lui le type même de la beauté se dessine en son rêve. Elle, la fille de Portinari, entendrait louer le geste vengeur de Dante, jaloux jusqu'à la fureur de l'honneur de sa famille.

Mais vainement le jeune homme essaie d'imaginer les traits purs, en cette circonstance, béants d'admiration devant le sang répandu. Il revoit le doux visage avec la suavité qui l'idéalisait en ce jour où, quelques années plus tôt, la foule écoutait, docile, les enseignements du Christ :

« Aimez-vous les uns les autres. »

L'humeur changeante et belliqueuse du

peuple avait vite oublié cette heure d'émotion autour de ses prêtres, mais auprès de la figure de la jeune fille, Dante voit toujours palpiter l'aile des anges pacifiques. Les mots divins demeurent en son âme, ils sont la flore naturelle à ce sol privilégié. Il n'est pas douteux qu'elle réprouve l'odieux projet de meurtre, avec toute sa piété, avec toute sa douceur.

Et voici qu'il semble à Dante qu'elle vient encore vers lui comme au jour de sa petite enfance dans son jardin fleuri, avec le même visage candide et grave et le nom immense sur sa toute petite bouche arrondie. Elle disait des paroles au sens mystérieux mais qui étaient un appel à la bonté, une affirmation des éternelles joies qui la récompensent.

Ainsi le souvenir de la petite messagère de Béatitude vient défendre, des ardeurs orgueilleuses d'un jeune homme, les principes de la justice. Les froids arguments de la sagesse n'y auraient peut-être pas suffi. Le cœur de Dante en cet instant souscrit à la loi sainte : « Tu ne tueras pas », avec un élan plein d'allégresse. Déjà Florence tout entière, sa vindicte et ses louanges ne comptent plus.

CHAPITRE V

La lutte entre le petit respect humain et le grand respect de l'humanité se termine dans la paix. Le déchirement intérieur, la protestation du meilleur ou du pire, qu'Alighieri avait redoutée, ne se sont pas produits et tandis qu'il remonte vers la ville, l'harmonie reparue dans son âme lui permet de jouir de celle qu'il commence — avec un émerveillement de tout son être — à découvrir dans la nature. Il s'est exercé quelquefois à dessiner la forme des choses et son œil est devenu sensible à la séduction des lignes, mêlées de courbes molles et de plans abrupts des collines italiennes. Il observe leurs teintes dégradées jusqu'à la gorge étroite où l'Arno se fraye un chemin.

Tout vit autour de lui dans la plénitude des sèves printanières, dans la joie nécessaire à la durée du monde. Cette joie s'épanouit avec la multitude des fleurs dont la rive des eaux courantes est si généreuse. Elles sont presque toutes blanches : larges ombelles et clochettes menues, grappes légères et molles des crucifères qui s'enlacent aux roseaux. La vie sent le miel, elle saute avec les grenouilles, elle frissonne avec les lézards, elle crie de plaisir avec les hirondelles. Au cœur d'un jeune homme, elle dit : « Et toi? Crois-tu que je t'ai oublié. J'ai mis une part de bonheur à ton nom dans le monde : Cherche-la! »

Alighieri eut un soupir. Les fleurs de l'autre côté des eaux lui semblèrent plus belles que celles qui s'ouvraient sous sa main; en était-il toujours ainsi? Dans son rêve la fille de Portinari lui semblait venir vers lui, elle lui avait parlé, autoritaire et grave, elle lui avait rappelé le commandement divin. Dans la réalité, sait-elle seulement que Dante existe? S'il lui disait « merci » pour l'idéal nouveau de paix, de sérénité, d'amour qu'elle a créé en lui, elle ne comprendrait pas : Cherche le bonheur, mais si le bonheur a le visage de Béatrice Portinari il faut le regarder passer de loin, et trouver sa joie dans l'obéissance aux inconscientes leçons de son front, de ses yeux..... sans qu'elle le sache jamais.

Le jeune homme approchait de la ville, des peupliers bordaient la rivière. L'ombre des collines était sur le chemin, mais la cime des arbres demeurait lumineuse dans l'air bleu. Les cloches de Florence se mirent à sonner, parce qu'au déclin des jours de mai on célébrait dans les églises des offices en l'honneur de la Vierge. De la tour neuve de Santa-Maria del fiore sortait l'ample volée des sons qui s'harmonise à l'exaltation mystique du magnificat. Sans doute, c'était l'instant où les jeunes filles portaient processionnellement d'autel en autel la statue de la Vierge.

Alighieri pressa le pas. Il arriverait à temps pour voir les fidèles sortir de la cathédrale. Il avait faim et soif d'une joie, bien incomplète d'ailleurs. Entrevoir un instant des yeux de son corps la figure qu'il pouvait voir à toute heure dans le miroir de sa pensée. Un bien pauvre espoir pour justifier tant de hâte ; c'était bien la peine d'avoir étudié la philosophie pour agir avec si peu de raison. Mais la nature a voulu que l'homme attende pour se conduire avec sagesse l'âge où ses calculs, ses prévoyances et sa prudence, « toujours courtes par quelque endroit », demeurent sans danger pour l'univers.

CHAPITRE VI

Dante se tient debout sur la place auprès du baptistère.

La porte de la cathédrale s'est ouverte, les fidèles sortent, d'abord un à un, les plus pressés, les moins dévots, les plus près de la porte, et puis en foule épaisse qui engorge la sortie. Des groupes bavards s'attardent sur le terre-plein.

Placées dans le haut de l'église, les jeunes filles qui avaient porté la Vierge ou tenu les cordons de son baldaquin, semé d'étoiles, parurent les dernières. Sous le porche elles se séparaient à regret avec des rires clairs et des paroles amicales, et chacune rejoignait un père, une mère, une sœur pour se diriger avec eux vers la demeure familiale.

C'est ainsi que Béatrice Portinari traversa le terre-plein entre deux femmes âgées. On la regardait beaucoup parce qu'elle était belle. Alighieri avait bien choisi sa place, elle passerait à quelques pas de lui..... Sans le voir! Qu'avait-il pour attirer son attention? Un type latin très accusé — beaucoup lui préfèrent celui que les invasions germaines ont multiplié dans l'Italie du Nord. Il portait des vêtements très simples, un peu trop usagés. Rien n'était sensible en lui des attraits qui passent pour séduire aisément les jeunes femmes.

Elle avait une robe blanche comme les fleurs de l'Arno et d'un tissu léger comme elles, parce que ce n'était pas une robe faite pour la vie commune, mais destinée seulement aux heures solennelles.

La brise du soir s'était levée. A peine elle agita le lourd jupon des matrones, mais elle dessina, sous la soie légère, les formes parfaites de la jeune fille. Alighieri, qui venait pour contempler son visage aux traits purs, vit cela : ses membres ronds et fins, la courbe allongée de ses hanches. Elle était en haut des marches, un pied soulevé pour les descendre, elle jeta devant elle un long regard qui fit le tour de la place déjà presque vide, glissa vers le jeune homme et se fixa sur lui. Elle reconnut cet Alighieri dont elle avait loué timidement, le jour même, l'attitude pacifique devant ses détracteurs.

Les pieds de Béatrice Portinari se posèrent tour à tour sur les marches, chacun de ses mouvements — peut-être parce qu'elle venait de rester trop longtemps immobile et prosternée — avait un rythme, une souple harmonie où frémissait l'impatience et la joie libérées de la jeunesse. La détente des ferveurs trop assidues animait son visage. Son teint semblait avoir perdu la mate clarté des profils de Vierge peints sur les verrières éclairées par la transparence du ciel. La chaude atmosphère de l'église avait fait monter à son visage la couleur vivante de son sang de femme, et c'était bien aussi des yeux de femme qui s'arrêtaient sur Alighieri avec tant de douceur. Quand Béatrice Portinari fut à quelques pas de Dante, elle le salua.

Salut qui fut moins une inclinaison qu'un sourire. Mais sur le visage du jeune homme une telle ardeur passa, une reconnaissance si éperdue, une passion si profonde que la jeune fille se sentit troublée de ce qu'elle avait fait. Sous l'enveloppement de cet intense regard elle eut l'intuition soudaine que la rafale trahissait sa beauté secrète. D'un geste vif elle voulut soulever la draperie légère trop appliquée sur sa poitrine.

Dante n'en vit pas davantage, il s'inclina très bas tandis qu'elle passait devant lui.

CHAPITRE VII

Aucune image de paix n'était plus dans le cœur de Dante. Lorsqu'il évoquait — et combien souvent aujourd'hui — celle qu'il avait appelée secrètement Béatrice à cause de l'enfantine béatitude de son visage en prière, il ne voyait plus seulement ce visage. Il voyait le corps tout entier, svelte et souple, il voyait les seins ronds sous l'étoffe blanche dont l'ampleur, rejetée derrière la jeune fille, palpitait dans la brise du soir. Mais vainement les plis s'entr'ouvraient comme des ailes ; l'attribut symbolique des anges au corsage plat semblait avoir été arraché des épaules de Béatrice par le même souffle qui avait dévoilé la femme.

Avec la jeunesse intellectuelle de son époque, Dante s'émerveillait des doctrines de Platon touchant l'amour. Elles étaient bien dans la tonalité des âmes du XIIIe siècle, si aisément soulevées par un idéal abstrait.

Fières un peu puérilement de cette attitude, il leur semblait réaliser le tout dernier progrès de la philosophie par l'accord de ce qu'il y avait eu de plus élevé dans le monde ancien avec les plus pures aspirations du monde nouveau.

Séparer de l'objet, la beauté, l'aimer pour elle-même « dans un beau corps » mais ensuite reconnaître qu'elle peut être pareille en plusieurs autres. « Passer des beaux corps aux beaux sentiments », voir que la beauté morale est partout de même nature; ainsi la considérer sous son aspect le plus large, dans ce qu'elle a d'universel et d'éternel : Beauté parfaite exempte d'altération et de décadence !...

Un jour Dante voudra perdre jusqu'au souvenir d'avoir aimé autrement. Il cherchera dans l'image de Béatrice « la sagesse dont notre entendement ne se rassasie jamais ». Dans le tableau qu'il nous a laissé des heures de tendresse, Béatrice apparaît irréelle, embaumée dans la louange excessive comme une momie dans des feuilles d'or. Et le poète n'est qu'un peu de braise, au parfum d'encens, qui se consume à ses pieds.

Mais sur le manuscrit de la Vita Nuova — où le sobre convive du banquet de Socrate raisonne après coup son ivresse — les larmes qu'il n'a pu retenir sont tombées et nous ne sommes pas dupes. Toute la douleur de la passion humaine a passé là. Nous ne retrouvons pas la haute sérénité platonicienne autour de ce front qui pâlit de tous les tressaillements d'un cœur de chair. De celui-là même qui fut dévoré dans la vision symbolique de Dante lorsque la nuit tomba sur le salut de Béatrice :

« Je vis l'amour, il tenait mon cœur dans sa main, son bras soutenait une dame endormie et enveloppée d'un voile. Puis il la réveillait et faisait repaître la dame épouvantée de ce cœur ardent. »

De ce jour l'Alighieri commença d'aimer Béatrice comme aiment les jeunes hommes ; et non plus seulement avec une imagination riche d'avenir. Il l'aima de toutes les forces vives de son être. C'était perdre la tranquille possession de soi, les plaisirs sédatifs de l'étude, pour se jeter dans les frénésies du désir. Car l'amour ne goûte pas de bonheur dans la contemplation désintéressée du parfait. Il veut posséder ce bien, l'identifier à son être. Il va vers lui avec la force aveugle des propulsions magnétiques qui emportent la matière et avec l'élan tout spirituel qui prépare la finalité des êtres. Et c'est seulement lorsqu'il harmonise le principe de ces deux énergies qu'il mérite ce nom, le plus doux qui soit dans la langue humaine : l'amour, source de toutes les suavités comme de toutes les violences.

Dante désira la vue de Béatrice : il la rencontrait rarement. Il désira l'entendre, elle ne lui parlait pas. Il désira s'emparer d'elle corps et âme, de ses sentiments, de sa beauté, mais elle était chaste, prudente et bien gardée. Alors, suivant l'instinct de la nature, il la désira comme épouse, et cela semblait plus impossible que tout le reste. Il était jeune, il était pauvre, il n'avait pour lui que son amour, et dans la société où Dante vivait, l'amour n'avait rien à voir avec le mariage.

Mais il existe, à toutes les époques, des individus qui ne rentrent pas dans ses cadres. Tandis que les âmes vulgaires, timides, sont dociles aux prestiges de leurs temps, il en est d'autres — conscientes d'une personnalité au-dessus de la commune mesure — attentives à la seule voix qui parle en elles. Les forts puisent là, toute pure à sa source, l'eau que les préjugés, les habitudes, les superstitions, leur offre gâtée dans des citernes.

Les mœurs leur transmettent les ordres de la nature comme une légende déformée par trop de lèvres. Mais leur esprit pénétrant rejette le conte et garde la vérité.

Le code des trouvères disait ; il est absurde, autant qu'impossible, d'aimer son épouse. L'amour ne se peut ressentir que pour la femme d'un autre homme, « la dame » adulée, adorée, chantée, sinon toujours possédée.

L'esprit de Dante était encore pénétré des formes littéraires de cette poésie. Mais déjà la belle loyauté de son âme en face de la nature se rebellait contre les aberrations d'un siècle tourmenté comme toutes les époques où un peu de levain fut ajouté à la pâte humaine.

Et la morale catholique que Dante avait acceptée autorisait ses espoirs et ses rêves. Elle disait : Tu aimeras ton épouse et tu ne regarderas aucune autre femme, car celui qui souhaite la faute l'a déjà commise en son cœur.

Il pouvait exalter son désir aux ardeurs d'un autre chant, plus ancien, plus jeune aussi que celui des trouvères. Jamais le cantique des cantiques ne fut prêché, médité, paraphrasé comme en ce XIIIe siècle qui allait finir. Si mystique qu'en fût l'interprétation, elle s'appuyait aux mots sans âge qui donnent à l'épouse le nom de bien-aimée.

CHAPITRE VIII

Il n'est pas de route si désolée qui n'ait de place en place une auberge où le voyageur se restaure, se chauffe au grand feu clair, se couche quand il peut et reprend ses forces pour continuer sa route sous les intempéries.

Sur les chemins de notre destinée, la Providence, en bonne aubergiste, nous a ménagé les asiles de l'espérance. Souvent la flamme qui brasille à plein foyer n'y est entretenue que des broussailles légères de nos illusions, qu'importe ? devant elle Alighieri ouvrait les deux mains, ses yeux s'emplissaient de clartés.

Des faits insignifiants, un regard, un moment

d'attention de Béatrice Portinari devenaient alors des signes disproportionnés de succès, des certitudes chimériques de bonheur.

Il est vrai que parfois les yeux de la jeune fille le suivaient — inconsciemment sans doute. Dans les fêtes religieuses ou profanes où Dante pouvait la rencontrer elle le favorisait d'un sourire chaste et circonspect.

C'est après l'une de ces réunions que, ne pouvant lui parler, il résolut de lui écrire.

Un aveu d'amour ne se pouvait alors faire en prose. Il en composa quelques vers. Il lui fallut tordre et ordonner le jet spontané de ses rêves comme les jeunes rameaux d'un arbre en espalier.

Béatrice Portinari ne connaissait pas d'autre langue que l'usuel parler de Florence. La forte maturité de la langue latine, adéquate à tous les sentiments qui se sont tant de fois exprimés par elle, avait durant ses études soutenu la pensée de l'étudiant comme une mère guide avec des lisières les premiers pas de son fils.

La jeune langue italienne n'avait jamais encore enfanté d'être vivant. Elle était devant lui avec les naïvetés, les incapacités d'une Vierge qu'aucune passion profonde n'a touchée et qui attend le révélateur.

CHAPITRE IX

Un billet d'amour arrive toujours à son adresse, et il n'est pas de fille si sage que la curiosité ne pousse à le lire aussitôt qu'elle se trouve seule après l'avoir reçu.

Six heures venaient de sonner au beffroi, la lourde chaleur du jour était en décroissance. Béatrice avait ouvert sa fenêtre, elle regardait les clochers, les tours carrées, et, plus près d'elle, la rue étroite et sombre que la fraîcheur anime. Ces aspects de la vie florentine l'entretiennent en des pensées prudentes.

Elle roule entre ses doigts le mince vélin dont la signature plus que les mots l'a troublée. Cet amour qui s'offre, elle n'a pas conscience de l'avoir désiré. Elle a des vœux précis : une robe neuve, le salut éternel de son prochain. Et pourtant, elle éprouve la douceur d'une attente comblée, comme si rien au monde n'eût été capable de lui apporter plus de joie que la parole de cet homme. Et cependant n'est-ce pas un inconnu, un étranger, un indifférent?

Mais c'est un inconnu dont le visage familier attire le regard de la jeune fille dès qu'elle peut apercevoir son profil aigu, sa bouche fière, son menton saillant, et ses yeux souvent ternis par la pensée et puis soudain balayés par un souffle de passion comme un ciel chargé l'est par la tempête.

Elle sait comment, avant de parler, il rejette en arrière ses cheveux drus et sombres, car elle s'est faite attentive pour écouter la voix de cet étranger; fût-ce de l'autre bout des salles, elle la reconnaît entre la voix des autres hommes. Cette voix de l'Alighieri s'élève rarement, mais elle n'exprime que des idées fortes et neuves. Il n'est pas défendu de rendre justice aux indifférents. La fille de Portinari n'est pas seule à estimer que Dante, en dépit de sa jeunesse, est apprécié dans la société florentine.

Elle n'est pas seule à lui sourire, mais elle est la seule dont le sourire l'émeuve. Les tendres paroles inscrites sur ce vélin l'attestent. Et puisque, d'aucun autre homme, une telle déclaration n'eût causé à la jeune fille autant de joie, elle peut accepter celui-ci comme adorateur. Il parle, il est vrai, d'épousailles, mais n'est-ce point un jeu ou quelque mot placé pour le rythme des vers? Les maris ne sont point faits ainsi. Ils ont barbe au menton, vignes et blés au soleil, pignon sur rue. Ils savent moins bien dire, et mieux gérer les biens. L'amour est une chose, l'établissement des filles en est une autre, l'un appartient à l'ordre des plaisirs, l'autre à l'ordre des devoirs qui ne doivent point être mêlés.

Et c'est pourquoi sans doute on interdit aux

jeunes filles toute conversation amicale avec les jeunes hommes... Un instant le dangereux arbitraire de ces ordonnances sociales est prêt d'apparaître au cœur ému d'une femme. Elle frémit du secret appel d'un juste désir, du besoin de se donner toute à l'être jeune et charmant que sans le savoir elle aime, d'en faire le compagnon adoré de ses heures. De partager ses joies, ses peines, sa vie. De se jeter dans ses bras, de s'abattre enivrée sur son cœur.

Mais tout ce que cette enfant connaît de l'existence repose sur une organisation qui ne tient aucun compte de ce rêve discrédité. Le soleil se lève à telle heure et se couche à telle autre, et nul n'y peut rien changer. Une force le veut ainsi. Une force aussi règle nos destinées. Les usages établis sont comme les tours carrées qui gardent Florence. Elles défendent une société et cette société en cas d'attaque à son tour les défend. Béatrice regarde le peuple cossu qui passe sous sa fenêtre, ce sont des familles soumises à toutes les disciplines du temps et du milieu. Elles représentent une civilisation qui semble les satisfaire. Le sentiment d'être régie par une puissance sûre d'elle-même pénètre la jeune fille.

Béatrice Portinari épousera donc Simoné de Bardi que ses parents ont accepté pour elle avec la même prudence qu'ils ont mise à choisir leur tabellion ou les maîtres d'écriture de leurs filles. Ce mariage lui donnera la liberté, qui lui manque, de rencontrer Alighieri, de recevoir ses hommages tendres et respectueux, de parler doctement de leur chaste et mystérieux amour. Il sera son chevalier, elle sera la dame de ses pensées.

Ainsi, planant au-dessus de toutes les vulgarités de la vie commune, ils demeureront dans le domaine large et pur d'une idéale tendresse.

Cette solution à l'innocence d'une Béatrice offre des charmes poétiques que le mariage n'a pas. Le monde florentin est bien comme il est.

CHAPITRE X

Trop réservée pour écrire une réponse à l'ardente supplication de Dante, la douceur du regard de la jeune fille avait seule laissé entendre qu'elle n'en était pas offensée. Un jour en sortant de la messe, ayant réussi dans la foule, de quelques pas, à distancer sa mère, d'une voix rapide et basse elle avait murmuré :

« Je serai contente toute ma vie de parler de l'amour avec vous. »

« Parler de l'amour », la pudeur d'une jeune fille peut ainsi promettre le don de soi. Le souvenir de cette espérance fut dans la suite cher et cruel à Dante ; mais l'ivresse avait été courte ;

quelques instants plus tard, il avait appris que Béatrice était destinée à Simoné de Bardi.

L'Alighieri quitta Florence dans une grande amertume de cœur, et la souffrance, le brusque départ semblèrent effacer jusqu'au souvenir de la parole inconséquente sur le sens de laquelle le jeune homme s'était mépris. Il croyait n'avoir plus jamais la faiblesse d'y penser.... Ce fut elle pourtant qui le ramena de Sienne au Val d'Arno.

De retour à Florence, Dante erra dans la ville, aussitôt retombé sous l'envoûtement du rêve d'autrefois. Il comprit qu'aujourd'hui, comme alors et depuis des années, ses pas n'eurent jamais d'autre but que la rencontre, — au détour d'une rue, au seuil d'une église, chez des amis, — la rencontre de celle que de longs mois d'absence ne lui avaient pas permis d'oublier.

Alighieri fut plusieurs jours sans apercevoir la fille de Portinari. Il ignorait ses nouvelles habitudes, l'heure de ses sorties, plus rares sans doute, à cause des devoirs de maîtresse de maison qui retiennent les dames au logis. Enfin il la vit un dimanche à l'église auprès de son époux. Son visage comme autrefois était baigné de lumière et de paix.

Dante voyait les deux profils comme ceux d'une reine et d'un roi sur la même médaille.

Il en avait tant souffert qu'il faillit repartir, à jamais cette fois; il serait allé vers les brumeuses contrées du Nord, vers les hivers de France où rien ne lui aurait rappelé l'enivrement mystique et passionné de sa jeunesse; comme il avait vécu à Sienne, peignant des livres, chez les moines, en échange de leurs leçons, il vivrait là-bas seul, pauvre et sans espérance.

Mais un homme de vingt ans ne peut pas longtemps borner ses rêves à de tels horizons. La force que Dante sentait en lui pour la lutte, pour l'amour et pour la vie, lui rendait cette abdication impossible. L'obscur sentiment de sa puissance intellectuelle prêtait à l'Alighieri les ressources de l'orgueil et de l'ambition. Ces énergies n'avaient pas en elles-mêmes leur propre raison d'être, ni la sécheresse qui les caractérise. Si Dante voulait devenir l'homme éminent, considéré, célèbre peut-être, dont les prémices ne pouvaient être méconnues, c'était pour cette femme et près d'elle. Il crut rester dans le dessein d'éblouir de ses lointains triomphes littéraires sa bien-aimée en cheveux blancs. Il resta, parce que tenace; comme la vie, un nouvel espoir s'insinuait obscur, périlleux, souverain dans son cœur.

Un mirage flottait sur tous les aspects de Florence. Ils évoquaient des réminiscences dont leur lumière était inséparable. Nulle part, Dante ne pouvait aller sans revoir les yeux de Béatrice, sincères et tendres, fixés sur lui. Leur limpidité écartait toute inculpation du mensonge, tout soupçon de coquetterie, toute crainte sacrilège de perversité.

En même temps que les lèvres de Béatrice, ils avaient répondu aux aveux passionnés d'Alighieri. Et c'était eux maintenant qui l'appelaient de tous les horizons de sa jeunesse et lui disaient les mots innocents et redoutables : « Viens parler d'amour avec nous. » Il semblait à Dante qu'ils en parlaient déjà.

CHAPITRE XI

Dans les terrains tout récemment englobés par l'enceinte élargie des murailles, Simoné de Bargi a fait construire une maison perpendiculaire à l'Arno. La demeure est aimable, avec un parterre devant la salle et la cuisine. Le jardin, antérieur aux bâtiments, est ombragé de vieux arbres.

Nulle part les verdures ne projettent des frondaisons plus variées de forme et de teinte qu'en ce beau ciel d'Italie. Du fouillis grisâtre des oliviers monte, abrupte et sombre, la colonne des cyprès; à ces feuillages, tous deux menus, tous deux indistincts, se mêle la couleur plus ardente des figuiers et des vignes, le plastique relief de leurs limbes larges et contournés.

Près du parterre, entre deux lauriers qui ont fini de croître, un escalier accède aux terrasses qui dominent d'assez haut le fleuve. Appuyée à la murette qui les borde, l'épouse de Simoné peut voir vers l'Occident le reflet dans l'eau luisante des maisons qui garnissent les rives. Elles se tassent auprès des ponts, débordant sur la rivière, et les soirs d'orage les flots cuivrés bouillonnent autour de leurs pilotis. Vers l'Orient ce sont des jardins, la campagne commence coupée par la muraille. Près du fleuve, quelques peupliers derrière lesquels le soleil se lève illuminant le ciel de clartés pourpres.

Suivant les heures et la couleur du temps le spectacle varie, l'eau est bleue comme le manteau de la Vierge, elle est livide, éclatante ou sombre. Les collines sont lointaines ou proches, les castels fortifiés qui les couronnent pèsent menaçants sur l'horizon ou bien baignés d'atmosphère lumineuse; pâlis, reculés, ils ne sont plus au front des coteaux qu'un ornement d'une grâce paisible dans un paysage où l'ombelle élargie des pins met la beauté sereine des lignes horizontales.

Mais en quelque ton que la symphonie se joue elle s'harmonise, elle est émouvante et presque dangereuse. Tout ce qui, par le chemin des sens, pénètre jusqu'à l'âme, la remue selon l'expression vulgaire — si juste — et il n'est pas toujours sage de remuer le cœur de l'homme : c'est l'enfant qu'une mère patiente a bercé trois heures pour l'endormir et qui s'éveille au moindre heurt, et crie pour demander à boire. C'est l'aliéné, guéri dans le calme, et que le moindre sursaut rend à l'horreur de sa manie. C'est le danseur sur la corde raide, qui a trouvé son équilibre et qu'un souffle de l'air abat sur le sol. C'est trop souvent le grand blessé dont un mouvement rouvre la plaie.

La jeune femme regardait les soirs exalter leur beauté et mourir dans l'Arno.

Et quand Simoné lui disait : « Il est temps de s'aller coucher », elle répondait : « Pas encore ! »

CHAPITRE XII

Les fêtes, nombreuses cette année-là, où l'Alighieri rencontra Béatrice, furent pour lui une source d'allégresse et d'irritation. A l'avance il les souhaitait comme un affamé veut du pain, jamais il n'en sortait rassasié. Elle était vraiment — et non pas seulement aux yeux de Dante — la plus belle femme de Florence; dès qu'elle paraissait en public, elle était si vite entourée, si complimentée, si honorée, qu'il n'y avait pas de place libre auprès d'elle. Son époux n'était pas malcontent de cet empressement, mais il ne s'éloignait guère, et lorsque Dante, avec et après tant d'autres, avait comparé la jeune femme à tout ce que la terre et le ciel peuvent offrir à l'admiration des hommes, il avait épuisé tout le bonheur qui lui était permis. Quelquefois en dansant le branle, il se trouvait près d'elle et lui tenait la main. Cette aubaine était rare, elle lui était offerte un peu plus fréquemment qu'à tous ceux qui l'ambitionnaient. Il savait bien qu'il la devait à une intervention plus déterminée que celle du hasard.

Mais dans cette joyeuse cohue, parmi tant de témoins, pouvait-il laisser voir des sentiments chaque jour approfondis, exaspérés et devenus l'idée dominatrice de sa vie intellectuelle et morale?

Il alla chez Simoné de Bargi. Quelques jours auparavant il lui avait à dessein parlé des améliorations apportées par les franciscains de Sienne aux moulins à olives. Le sens aigu d'observation qu'il possédait avait permis au jeune homme de s'exprimer avec compétence sur un sujet si étranger à ses habituelles préoccupations. Simoné l'avait invité à venir voir ses moulins. L'épouse n'avait paru qu'un instant pour offrir des gâteaux et du vin doux.

La même émotion secrète avait étreint Dante et Béatrice en se trouvant l'un en face de l'autre, si inconnus de fait, si étrangement unis par l'appel de leurs âmes. Mais il ne fut question que des meules de pierre pendant qu'ils songeaient tous les deux à l'autre meule plus lourde, qui broie les cœurs, pour en faire couler goutte à goutte une huile divine.

CHAPITRE XIII

C'est pour lui seul que Béatrice est belle. Pour lui, la clarté du front si régulier, si lisse où les cheveux dessinent sept pointes exactement proportionnées. Un léger pli d'onde en soulève la masse. Leur ombre a des reflets d'or. Pour lui les yeux, longs, encore parés des cils excessifs de l'adolescence; les prunelles, d'un bleu doux, peintes sur un émail pur et luisant. Pour lui la ligne parfaite, veloutée de jeunesse, qui tombe du front aux narines fraîches. Pour lui la bouche mystérieuse, vermeille, charnue et close comme un fruit au premier matin de sa maturité.

Pour lui! car toute cette beauté est sous le regard de Dante. Devant son seul regard! Pour la première fois, nul autre en même temps que lui ne la contemple. Le souvenir même de Simoné n'est pas là, car ce visage est comme un cierge de cire blanche qui n'a jamais été allumé. Jamais le flambeau penché sur lui ne lui a communiqué sa flamme. Rien n'est fondu ni brûlé dans ce regard d'épouse. Béatrice n'a jamais aimé d'amour Simoné de Bardi.

Et parce qu'elle ne l'aimait pas, elle s'était aperçue que Dante passait vers le milieu de chaque matinée au pied de la terrasse, le long de la route étroite qui suit l'Arno. Et elle avait choisi cette heure-là pour sortir de chez elle et chercher parmi les roseaux certaines herbes qui servent à confectionner des guirlandes de buis pour la fête des saintes patronnes.

Dante l'avait saluée, et lui, si fier, avait offert pâle d'émotion, une aide bienvenue.

Ensemble ils étaient rentrés dans le bas jardin qui de plain-pied avec la rive donne accès dans la propriété.

Elle avait conduit le jeune homme jusque dans la tonnelle, fraîche tondue, toute pleine des brindilles ratissées pour servir aux guirlandes. Comme elle était simple, la genèse immédiate de cet événement immense qu'il semblait à Dante attendre depuis toujours : il était seul avec elle !

Béatrice, pour lui faire place sur le banc, repoussait les menues verdures et elles tombaient de ses mains comme des ruisseaux d'espérance.

Elle disait :

« Gentil chevalier, comme vous m'avez bien servie. Est-ce que les roseaux n'ont pas coupé vos doigts. Vous tiriez si fort sur les herbes?... »

Il ne sentait pas le bonheur qu'il avait tant désiré. Il était comme écrasé par un sentiment d'une intensité unique, sans distinguer s'il s'agissait de joie ou de peine. Elles étaient en lui, mêlées comme les membres des lutteurs qui s'empoignent : dans son âme il appelait cette femme depuis si longtemps « Béatrice » qu'il souffrait amèrement de la sentir étrangère et il s'abandonnait pourtant avec délice à la domination de l'amour.

« Vous me viendrez voir avec vos amis, disait-elle, je m'ennuie, loin de la ville, quand j'ai dit mes prières et rangé ma maison. »

— Peut-être serais-je dans votre vie un ennui plus grand que tous les autres !

Ils ne parlaient pas la même langue. Leurs deux cœurs semblaient originaires de patries différentes, tant ils se comprenaient mal !

« M'ennuyer. L'on m'assure que vous êtes rempli d'esprit et vous m'avez adressé des vers où il y en avait beaucoup.

— Je ne croyais pas, dit-il doucement, qu'un grand amour et une grande douleur puissent avoir tant d'esprit. »

Elle le regarda surprise :

« Que viendrait faire la douleur entre nous ?

— Il ne s'agit pas de vous.

— Mais n'avez-vous pas lieu d'être satisfait. S'il vous plaît de penser à moi je ne vous l'ai pas défendu, je vous donne quelquefois la main pour danser et mille petits gages d'une amitié particulière. Aujourd'hui j'ai accepté votre aide, nous conversons ensemble, je vous l'avais promis.

— Pardonnez-moi, dit-il, votre vue m'est une entière béatitude. Elle me devrait suffire, mais près de vous je perds la raison. »

Elle le pria de quitter le jardin, à cause des servantes qui viendraient couper les buis et d'une vieille nourrice de Simoné ayant l'œil à tout :

« Il n'est pas tant malencontreux que l'on vous sache mon galant chevalier. Je pourrais nommer celui des autres dames. Mais la plupart d'entre elles n'acceptent hommage, soins et révérences que dans les réunions publiques et s'abstiennent de recevoir leur ami dans le privé. Cette façon d'agir est mieux réputée. Mon père et mon mari la trouvent plus décente et désirent qu'en leur famille elle soit observée. »

Elle parlait avec une dignité de femme, mais ses longs cils baissés projetaient une ombre sur son visage dont les traits achevés étaient adoucis par cette expression de calme et d'innocence qu'elle avait conservée.

Dante pensa que la beauté de Béatrice était au-dessus de toute louange, et presque au delà du désir. Il la contemplait en silence, comme si un geste ou un mot pouvait faire évanouir la vision merveilleuse.

« Venez ici dimanche à l'issue des vêpres, continuait la jeune femme. J'ai prié ma famille et mes voisins. Vous nous réjouirez avec les couplets que vous chantez si bien. Vous vous assiérez près de moi. Si vous avez composé des vers pour votre dame il vous sera permis de les dire et je serai fière du succès de mon chevalier. Nous serons plus de vingt. »

Il soupira :

« Nous serons plus de vingt !

— Il faut partir.

— J'aurais voulu que cet instant ne finît pas. Vous et moi, moi et vous, seuls dans le monde.

Elle sourit :

« Ce ne serait peut-être point assez. Il serait bien vide, le monde. Il est si grand.

— Moins grand qu'un cœur, dit Dante, et vous suffisez toute seule à remplir le mien.

Il s'en alla.....

CHAPITRE XIV

« Vous et moi seuls au monde ! »

Avec les liens d'herbe sèche cette parole avait tourné en spirale autour de la guirlande, fixant les brins de verdure :

« Vous pour moi, moi pour vous, c'est assez pour remplir le monde. »

Il contient tant d'autres choses cependant : des individus innombrables, les trésors d'une antique civilisation, des autorités sociales, un ordre établi, des parentés, des relations; et la force que représente tout cela. A Béatrice Portinari, il a offert une patrie, une famille, un foyer, un époux, Simoné de Bargi, avec ses richesses, sa situation solide et considérée, sa maison bien bâtie, ses meubles, sa cave et ses greniers pleins. Et voici qu'un jeune audacieux prétend rejeter tout cela dans le néant : « Vous et moi. »

Lorsqu'elle fut assise à l'heure du repas auprès de son mari, qui énumérait les conséquences probables de la mort de Charles d'Anjou, elle entendait encore l'autre voix disant : « Vous et moi seuls dans le monde. » Tout l'après-midi elle avait cousu la même parole, avec un fil d'or, autour des grains de raisins dont elle brodait une chasuble pour sa paroisse.

Le soir venu elle chercha le coffret de cuir d'Espagne où elle avait enfermé le sonnet par lequel Dante lui avait exprimé son amour. Les mots, entendus le matin, étaient comme une clef qui en ouvrait le sens. Le parfum de la passion qu'elle avait respiré jusque-là à travers les clôtures de son innocence, s'exhalait brusquement des stances harmonieuses et grisa son cœur de ravissements inconnus. Elle relisait troublée et ne trouvait plus dans la pensée de Dante d'esprit ni de badinage..... alors sa vertu s'inquiéta et se résolut à la prudence.

CHAPITRE XV

L'atmosphère des maisons florentines où se rencontraient Dante et Béatrice était restée la même. On y devisait toujours librement, on y dansait le branle, la gaillarde et le passamezzo. Les dames y montraient leurs préférences ; les hommes, pour toutes et chacune, leur dévotion où ils mettaient plus de poésie romanesque que de vérité sentimentale. Car la vérité est rare dans les impressions où interviennent les engouements d'une époque. Réaction imprégnée d'idéal chrétien, contre la forme toute sensuelle de la passion antique, un état d'esprit s'était créé qui prétendait élever la femme aimée au-dessus du rôle que lui a réservé la nature. Et l'on osait joindre son nom à celui de la divinité. On disait « Dieu et ma dame » sans voir là de sacrilège, tant ce culte extatique était censé dépourvu de tout désir impur, de toute émotion des sens, même dans l'enthousiaste admiration de la beauté extérieure du visage adoré.

Mais une sagesse narquoise à ses heures l'a reconnu : « qui veut faire l'ange fait la bête ». Pour ne pas l'avoir compris, le moyen âge allait s'achever, deux siècles plus tard, dans un libertinage impudent dont les prémices étaient discernables au milieu des querelles et des désordres de l'Italie où vécut Béatrice.

Déjà l'amour éthéré, mystique, cachait trop souvent de coupables intrigues. Ses jeux équivoques préparaient à l'adultère une atmosphère indulgente. Le dédoublement préconisé, applaudi, du cœur et des sens, qui n'avaient plus le droit de désirer le même objet, faussait et dépravait la personne humaine. L'ange pouvait se désintéresser des débauches de la bête. On ne dissocie pas impunément ce que la nature a uni pour donner à l'acte de la génération une noblesse qui résume la destinée misérable et sublime de l'homme.

Mais l'Église désavouait les tendances dangereuses dont ses préceptes étaient gratifiés. La loi morale était enseignée même par les pontifes qui ne l'observaient pas intégralement. Des précisions nouvelles venaient d'être données aux consciences par le génie de Thomas d'Aquin. Dans la méditation des paroles du Christ : « je ne suis pas venu détruire la loi mais en rendre l'accomplissement plus parfait », il avait étudié cette loi du créateur gravée dans toutes ses œuvres. La nature, dont le premier enthousiasme des foules chrétiennes s'était cru délivré, reprenait ses droits. Ouvrière de la tâche éternelle, elle ne devait plus être méconnue ou mutilée. La doctrine en gestation depuis dix siècles atteignait cet achèvement dans la mesure, dans l'harmonie, dans la proportion, qui est le signe de la vérité.

Et François d'Assise, cherchant dans l'indépendance du cœur à l'égard des biens visibles, cette perfection où le Christ appelait les âmes, ne les avait pas placées, malgré leur vocation divine, hors de la modeste condition humaine. Les prudences de l'humilité gardaient ses disciples des convoitises du monde et les grilles d'une clôture étroite venaient de se fermer sur les plus chastes des femmes, attestant la foi de l'Église à la fragilité des saints.

Un solitaire inconnu en quelques pages immortelles rappelait vers le même temps aux hommes la tendre faiblesse de leur cœur. Il montrait son idéale destinée dans un amour mystique qu'il proclamait le seul vrai, le seul pur, le seul fidèle, le seul heureux : « Rien n'est plus doux que l'amour, rien n'est plus fort, plus étendu, plus délicieux. Il n'est rien de plus parfait ni de meilleur au ciel et sur la terre. »

La pensée de ces trois hommes, qui désaltère encore les âmes, était alors un vin nouveau. Et l'Italie était bien la vieille outre où toutes les lies mêlées fermentaient avec lui. Les armées et les idées s'étaient heurtées là, la bataille continuait. Les vices païens, les férocités barbares, les outrances hérétiques étaient encore dans beaucoup d'âmes qui aspiraient, d'autre part, à la paix du Christ, à la sagesse, à la chasteté.

Cette fermentation, dont le monde moderne allait sortir clarifié, dépouillé, fut, pour une grande part, l'œuvre du XIIIe siècle. Et comme il arrive dans tous les temps, la lutte s'élargit, se dramatise chez quelques individus d'une humanité plus forte et plus complète en qui se résument les troubles, les élans, les souffrances, le pathétique de leur époque.

Dante devait être un de ceux-là.

CHAPITRE XVI

Et maintenant l'existence de l'Alighieri avait la teinte mélancolique des brouillards d'automne. Le soleil de sa vie avait été le regard de Béatrice. Il ne se levait plus sur lui. Elle lui donnait sans sourire la main pour danser. Et la lumière, qui prête aux plus menus objets, au brin de mousse, à la perle, au scarabée, leur magnificence, ne rayonnait plus sur des riens qui avaient tenu d'elle le relief et la couleur de la joie.

Au milieu de ses amis, Béatrice, chez elle, avait accueilli Dante, douce et les paupières baissées. Simoné était content, il se sentait envié pour sa maison neuve, sa belle femme et ses bons vins. Il abondait en paroles honnêtes et plaisantes sans balourdises ni finesses. La réunion avait été bruyante et gaie. L'assurance propre à la pure race florentine dont l'Alighieri était issu, la précoce netteté de ses jugements sur la valeur intellectuelle et morale des individus — à commencer par la sienne — avait triomphé depuis longtemps des timidités dont souffrent toutes les adolescences méditatives. Cependant même alors, parvenu à l'âge d'homme, Dante restait volontiers silencieux à cause de l'intérêt qu'il prenait à observer toutes choses. Il parlait moins encore quand Béatrice était là. Il s'abîmait dans le recueillement intérieur de son extase et nulle parole ne lui semblait assez délicate, assez profonde pour être prononcée devant cette femme unique.

Cependant, ce jour-là, l'orgueil et l'amour avaient excité Dante à lutter contre la gêne qui avait paralysé ses premiers efforts pour se rendre agréable. Il voulut contraindre les yeux qui se dérobaient à se fixer sur lui. Il défendit quelques idées nouvelles avec un mélange si savoureux de logique et de fantaisie qu'il fut pardonné à un si jeune homme d'attirer sur lui l'attention générale. Mais aucun témoignage de la bienveillance qu'il ambitionnait ne fut accordé à ses paroles généreuses. Il retomba dans un mutisme découragé, jusqu'à l'heure où Béatrice prit congé de ses hôtes, sans s'être départie d'une attitude courtoise, fière et pudique, qui convenait si parfaitement à sa jeunesse et à sa beauté.

C'est ce soir-là que l'Alighieri écrivit ces strophes dolentes :

« Maintenant j'ai perdu toute la hardiesse joyeuse qui jaillissait de mon trésor d'amour. Mon cœur est devenu pauvre et j'ai peur de parler.

« Je fais comme ceux qui par honte cachent leur indigence. Devant tout le monde je me montre gai, mais seul en moi-même, je me consume et je pleure. »

CHAPITRE XVII

Au son des guitares les vendangeurs sautaient sur l'herbe rase, et malgré la fatigue d'une cueillette à pleins paniers, ils y mettaient plus de bravoure et de joyeuseté que les seigneurs et les dames. Quelques invités des Donati se mêlaient aux danseurs, mais la plupart, assis dans la tiédeur du soir, se bornaient à suivre des yeux ce spectacle de liesse. L'épais feuillage des yeuses assombrissait la place où quelques sièges avaient été disposés et des groupes s'étaient formés librement. Plusieurs jeunes hommes restaient debout. Forese pressait ses amis de boire. Piccardia et sa petite cousine Gemma Donati allaient de l'un à l'autre avec des cruches.

Dante s'appuyait au tronc d'un chêne auprès duquel Béatrice était assise :

« Pourquoi, lui disait-il, me privez-vous du doux regard de vos yeux où je trouvais une si belle récompense, lorsque j'avais discouru avec l'espoir d'être approuvé par vous. Dans la lumière de vos yeux, je puisais comme à sa source des idées hautes et saintes, je les disais en quelque sorte sous votre dictée, elles sont devenues miennes.

— Avais-je donc l'air de vous tant écouter ? Je ne le savais point.

— Vous savez que je parle pour vous seule, je sors pour vous voir, je danse pour vous donner la main...... »

Elle eut un geste d'arrêt.

« Je suis très malheureux, dit-il, si vous me reprenez si tôt la promesse des paroles d'amour que nous devions échanger. Il faut que je vous aie bien fort déplu. »

Elle sentit que le regard de Dante cessait de peser sur elle. Il avait baissé les paupières sur sa peine. Alors elle obéit à l'obscure attirance qui avait si longtemps appelé ses yeux innocents vers le visage de cet homme.

Il était vêtu sans richesse, mais avec une convenance parfaite à l'air de sa personne douée d'une élégance naturelle, très sensible dans la pose abandonnée qui appuyait son épaule et son front au tronc penché de l'yeuse. Le visage aux traits un peu forts, mais ciselés délicatement, pouvait, sans perdre sa virilité, exprimer les imprécisions du rêve, toutes les mélancolies et les douceurs de la tendresse.

Quand Dante releva la tête, il vit les yeux de Béatrice fixés sur lui. Il les vit, comme dans un paysage familier le regard est saisi par le point modifié de l'horizon où la forêt fut abattue, où jaillit le clocher nouveau.

La candeur calme des yeux de Béatrice était en effet disparue, telle la forêt profonde livrée au bûcheron et dont la ruine laisse apparaître un sol tourmenté. Il y avait aussi en eux l'élan d'une ferveur nouvelle.

Ils ne se détournaient pas, et lui demeurait en silence, tout éperdu de leur beauté sombre et pathétique, de leur langage ardent. Et comme un soir de printemps la brise avait révélé à Dante les attraits de la femme, ainsi en ce soir d'été lui fut dévoilé le cœur qui s'était féminisé sous la rafale des paroles passionnées.

Elle avait eu un geste autrefois pour dissimuler les formes de sa poitrine trop dessinées par la fraîcheur du soir. Avec la même pudeur, elle baissa les paupières afin de garder son ivresse secrète.

« Vous ne savez pas deviser d'amour à mon goût, dit-elle. C'est un sentiment sur lequel il peut être dit beaucoup de mots pleins de finesse. Je suis prête à les écouter entre l'instant où la danse finit et celui où vous me quittez la main, mais je ne sais pourquoi il vous faut tant parler de vous et de moi. C'est cela que je ne veux point, car il n'y a rien dans les personnes qui soit digne d'occuper l'esprit. »

CHAPITRE XVIII

Des mois passèrent.

Dans une ville au centre étroit comme l'ancienne Florence, on se rencontre aisément sans paraître se chercher. L'admiration de Dante pour la femme de Simoné de Bardi était notoire, mais le culte chevaleresque pour une idéale amante bénéficiait d'une tolérance. Le mari ne prenait point ombrage d'un si jeune homme, poète à ses heures, qui ne cherchait sans doute en sa dame qu'une source d'inspiration, un prétexte aux phrases bien agencées. Il était sûr de la vertu de son épouse et la savait dévote. Quand il la voyait penchée, rêveuse, sur quelque manuscrit édifiant dont elle ne tournait point les pages, il admirait la piété de ses longues méditations. Elles n'empêchaient pas qu'il n'y eût fête sans elle et qu'elle ne prît le plus grand soin de sa parure. Mais cela n'a rien que de flatteur pour un mari.

Dante parlait d'amour comme Béatrice l'avait voulu, fort doctement. L'amour semblait, en leurs propos, comme une tierce personne dont ils s'entretenaient avec des expressions choisies de louange, de révérence et d'une exaltation mystique, à la manière dont ils auraient saintement devisé du grand archange Saint Michel le Victorieux, avec son épée qui flamboie, sa mine fière et resplendissante de jeunesse, de force et de beauté.

« C'est par l'amour, affirmait Dante, que le monde est gouverné. Tels événements dont on ne connaît pas la trame ont en lui leur secrète origine. » Comme il était instruit, il lui citait les noms des hommes qui avaient sacrifié à l'amour leur ambition, leur honneur et même leur vie.

« Ils ont mal fait », disait Béatrice.

Il lui parlait aussi des femmes que l'amour avait emportées comme un ouragan soulève un pétale de fleur; petite chose légère qui s'élève un instant et retombe, mais qui a connu cette ivresse de monter dans l'air bleu sur d'invisibles ailes. D'autres avaient été dévorées par la flamme de l'amour comme une paille menue, en un instant réduite en cendre, mais qui a connu, dans cette minute éclatante, la gloire d'avoir été : la lumière!

« Elles ont eu tort », disait Béatrice.

Il ne protestait pas, il la regardait en silence, et l'écho des paroles se prolongeait dans ce regard comme le son d'une harpe soutenu par des pédales.

Béatrice détournait les yeux.

« Parlez, suppliait-elle, il ne faut pas se taire quand on a tant d'esprit. »

Il soupirait :

« Encore de l'esprit, j'en ai donc plus que je ne le souhaite. L'écran était-il si opaque que la chaleur du foyer ne rayonnât pas au travers ? »

Avec une verve soudaine et volontaire il lui contait alors les aventures galantes dont la jeunesse florentine se divertissait à demi-voix. Dante lui nommait les femmes qui trompaient leurs maris et ne le regrettaient pas :

« Elles le regretteront un jour », disait Béatrice.

Une grande tristesse envahissait le cœur de Dante. Il voyait entre eux l'abîme que rien ne saurait combler. A l'amertume de ce qui est se mêle l'inutile regret de ce qui aurait pu être, de ce qui jamais ne sera.

Alors le jeune homme racontait à sa bien-aimée les farces drôles jouées par les mimes à l'entrée des ponts, où les sentiments les plus nobles portaient un masque grotesque et s'exprimaient d'une façon triviale. Au moins n'étaient-ils plus ni pathétiques, ni troublants, ni périlleux. Et Dante semblait prendre un plaisir âpre et brutal à souligner les traits de la caricature où le divin amour n'était plus qu'un divertissement de pitres.

Et quand ils avaient bien ri tous les deux, l'énervement de leur gaîté remplissait leurs yeux de larmes.

CHAPITRE XIX

Falco Portinari était un homme prudent et sage, soucieux du bon renom des siens et de leur exacte observance des commandements d'une religion qu'il pratiquait avec zèle. Il connaissait notre pauvre et piteuse espèce, si généreuse en ses résolutions, si faillible en ses actes. Il s'effraya de voir, auprès de sa fille au front pur, grandir la passion d'un homme. Il avait surveillé les regards, le pâle visage, les attitudes de Dante, et son soupçon s'était précisé. Sous le couvert du jeu permis — que d'ailleurs il n'approuvait pas — se dissimulait peut-être l'amour tout entier tendresse et désir charnel.

L'amour, autour d'eux, était souvent comme les enfants revêtus de peaux de bêtes qui figurent aux mascarades et dont le public, qui n'est pas dupe, feint pourtant d'avoir peur. Mais il était, peut-être, en cet homme le fauve lui-même et non pas son image.

Falco fut voir sa fille et lui parla, sachant garder la juste mesure entre la faiblesse et la sévérité.

« Mais quel danger craignez-vous? mon père », répondit la jeune femme.

Elle était assise dans la profonde embrasure d'une fenêtre, son profil un peu penché se détachait sur des verdures ensoleillées. Parfois, elle se tournait vers son père et la lumière dans ses cheveux faisait une auréole blonde autour de son visage obscurci.

« Quel danger? Je ne vois personne qu'en votre présence.

— Il me déplaît que Dante Alighieri, dans les fêtes, vous recherche et vous parle autant.

— Me parle-t-il plus qu'un autre?

— Je ne crois pas être seul à l'avoir remarqué.

— La supériorité de son esprit rend cette attention flatteuse et sa conversation ne peut qu'orner le mien.

— Nos directeurs spirituels exhortent la femme — si sage soit-elle — à éviter toute familiarité avec les jeunes hommes comme pouvant être la source d'une affection déréglée.

— Oh! mon père, avez-vous si peu de confiance en moi?

— J'ai confiance en vous, ma fille, mais je suis le gardien naturel de votre vertu et de votre renommée. Pour celle-ci même il devient nécessaire que Dante laisse moins paraître des sentiments que votre attitude ne semble pas décourager.

— Les jeunes hommes portent leurs hommages à l'une ou l'autre d'entre nous sans que cela tire à conséquence.

— Puisse Dante choisir un autre objet de sa

flamme; je compte que vous saurez l'exiger de lui. »

Il n'était d'autre parti à prendre que l'obéissance.

CHAPITRE XX

L'entendement des femmes n'avait pas alors le secours touffu des livres où elles se peuvent assimiler la pensée masculine. Le petit nombre des manuscrits, même édifiants, écrits en langue vulgaire, bornait leur connaissance à la simple et forte doctrine — propre à donner à leur esprit une formation plus solide qu'étendue — à quelques psaumes, méditations, prières, aux enseignements des prédicateurs, aux poésies récitées devant elles, enfin aux leçons orales qu'elles recevaient de quelque docteur en des conversations savantes dont le goût était assez répandu parmi elles.

L'épouse de Simoné avait dit vrai en assurant à son père que son esprit, au contact de Dante, s'était élargi. Le culte de Béatrice n'avait pas nui dans le cœur du jeune homme à celui de la pensée. Tout le savoir humain doit aboutir à rendre plus parfaite la connaissance de la beauté, plus conscient son amour.

Le fécond travail des intuitifs peut trouver dans le sourire d'une femme la solution d'un problème ardu.

Souvent aux mutismes de l'Alighieri, succédait une verbosité abondante. Un sentiment plus chaleureux que la curiosité intéressait Béatrice à des théories, des opinions, des jugements qui embrassaient tous les concepts contemporains. Elle retenait peut-être les paroles à cause de celui qui les avait dites. Mais il y avait en elles une riche semence d'idées jetée avec une profusion magnifique. La moisson levait dans l'esprit judicieux de la jeune femme et elle prenait de jour en jour à vivre un plaisir plus délicat.

Pressée par son père de s'interdire toute communication avec Dante, elle ne s'avoua qu'une privation toute intellectuelle. Elle avait exprimé à celui-ci, avec réserve, le regret très chaste de renoncer à échanger avec lui de hautes pensées lorsqu'une circonstance fortuite les rapprocherait dorénavant.

Depuis qu'elle l'avait exigé, il évitait de l'entretenir de ses sentiments personnels. Elle les désirait oublier. A cette volonté — qui sur lui était souveraine — Dante s'était soumis avec un respect profond de la pudeur de Béatrice. Il trouva des mots prudents pour lui offrir de se rendre en secret chez elle à seule fin de lui parler de science et de philosophie. Dante était sincère, d'ailleurs, ni l'entretien, ni le secret ne dérogeaient à l'usage. Il n'avait pas d'intentions licencieuses. « La beauté de cette dame, écrivit-il plus tard, réfléchissait sa modestie. Elle ennoblissait ceux qui fixaient les yeux sur elle. »

Il savait seulement, à cette heure-là, qu'il ne pouvait plus vivre sans la voir. Il éprouvait une douleur si vive, une telle crainte de la perdre, que sa voix était altérée.

Dans les canzonnes dédiés à son amie, il avait pris l'habitude d'extérioriser l'amour en le personnifiant dans un être tantôt doux et tantôt redoutable; combien il eût été, en cette occasion, contraire à la vérité de le peindre sous les traits d'un enfant naïf avec un bandeau sur ses yeux innocents. Il aurait fallu gratifier son visage des ricanements du faune cornu sculpté aux porches des vieilles basiliques. Cette image, familière aux âmes médiévales, leur était un avertissement salutaire des pièges tendus à la sagesse par celui qui trouve chez les meilleurs des complicités.

L'humble défiance de nos pères l'avait appelé le « malin ».

L'épouse de Simone, dans la sécurité hautaine de sa vertu, avec un vif désir d'avancer dans la voie de la science, accepta l'offre décente et profitable de l'Alighieri.

CHAPITRE XXI

Falco se félicita de son intervention si promptement efficace. A dater du jour où sa fille avait écouté ses admonestations, partout où ils se rencontraient, la jeune femme échangeait avec Dante un salut d'une courtoisie parfaite, mais ils ne se parlaient plus.

Il s'en allait deviser tour à tour avec les plus belles femmes de Florence qui l'accueillaient pleines de grâce et de coquetterie, et, comme Falco l'avait désiré, il sembla s'attacher plus particulièrement à l'une d'elles qui lui faisait des agaceries depuis qu'un jour elle avait rencontré son regard chargé d'un rêve ardent et tendre. Ce jour-là Béatrice allait quitter l'église, Dante la suivait des yeux. Le profil clair et penché, la robe de velours sombre, les broderies de l'aumônière dorées par la lueur des cierges venait d'entrer dans la nuit du transept. Les yeux du jeune homme, dont l'exquise vision lentement s'effaçait, s'arrêtèrent sur l'agréable visage d'une noble dame agenouillée à quelques pas de lui, mais il ne la voyait pas; elle ne pouvait deviner qu'une image plus chère, dans le court intervalle de l'œil à la cervelle, se substituait à la sienne, et elle fut aise d'être distinguée par ce jeune poète qui ne l'avait jusqu'alors favorisée d'aucune attention. Il y a commencement à tout. Les artistes sont volages; de ses premières amours celui-ci était peut-être las.

La charmante Pilaria sourit.

Et lorsque Dante, sortant de sa profane extase, retrouva la perception du monde extérieur, il vit devant lui ce sourire qui était beau.

Que pouvait-il faire, sinon y répondre? Il avait

de la jeunesse et du bonheur plein l'âme, et de la politesse. Il répondit sans lésiner.

Quelques jours plus tard, cherchant une dame à laquelle offrir d'ostensibles hommages, il se souvint de celle-là. Ce commencement d'aventure lui épargnait un choix et des préliminaires dont il n'attendait aucun plaisir. La Pilaria n'était pas laide, ni trop fine et faisait partie du monde élégant. Il se rapprocha d'elle, qui se prêta au jeu, ravie d'attirer les suffrages d'un jeune homme dont l'esprit jouissait déjà de quelque renom. Elle lui doit d'avoir trouvé place dans l'histoire de la littérature universelle sous le nom de « la dame écran ».

Béatrice ne faisait pas figure d'abandonnée. L'éclat de son visage n'était point pâli par les larmes, ni ses yeux creusés par les inquiétudes jalouses, ni ses lèvres tirées par la déception. Son teint n'avait jamais été plus clair, ses yeux rayonnaient.

De cette attitude fière et sereine, une explication fut trouvée dans un canzonne où l'Alighieri disait sa détresse et la cruelle rigueur d'une bien-aimée dame, dont chacun devina le nom. Il avait pris soin que cette poésie circulât discrètement de mains en mains. Elle exaltait la sublime délicatesse d'une vertu qui repousse le témoignage de l'amour respectueux d'un homme, parce que l'ombre même du mal suffit à offenser son honneur.

Et Falco Portinari remerciait Dieu de lui avoir donné une fille si attachée au bien et si soumise à son père.

CHAPITRE XXII

Dante vint chez Béatrice à l'heure où, tous les samedis, Simoné s'en allait au centre de la ville pour une réunion de notables où se discutaient des intérêts qui lui étaient précieux. Ce jour-là, dans les demeures bien conduites, était consacré aux grands nettoyages. Du haut en bas de la maison les servantes étaient occupées. La vieille nourrice, devenue infirme, sans quitter son fauteuil les excitait à la besogne, qui n'était jamais parfaite à sa convenance.

Béatrice n'était pas surveillée, à cause de l'ascendant que sa fermeté douce exerçait sur son entourage, et de la haute estime où chacun tenait sa sagesse. Nul n'en était d'ailleurs plus assuré qu'elle-même.

Ainsi les rencontres studieuses de Dante et de Béatrice pouvaient être entourées d'un mystère opportun. Le vaste enclos de Simoné avait plusieurs portes discrètes. Le parterre était ordonné à l'imitation des jardins de Rome, mais une grande partie du petit domaine était un agreste fouillis d'amandiers et de vignes. Aux angles des murailles de petites tourelles fortifiées rappelaient l'époque où la propriété, n'étant pas comprise dans l'enceinte des murailles, pouvait avoir besoin d'être défendue. Dans l'une on rentrait les fruits, une autre était convertie en oratoire. Elle était un sûr et charmant refuge, avec une large embrasure ouverte sur la rivière.

Dante vint donc, et l'amour vint aussi qui n'était pas invité. Il entra avec eux dans la tourelle. Il était apparu déjà dans les rêves du poète avec ce visage terrible et joyeux. Et dès le premier jour, à l'enfant même, aussitôt qu'il

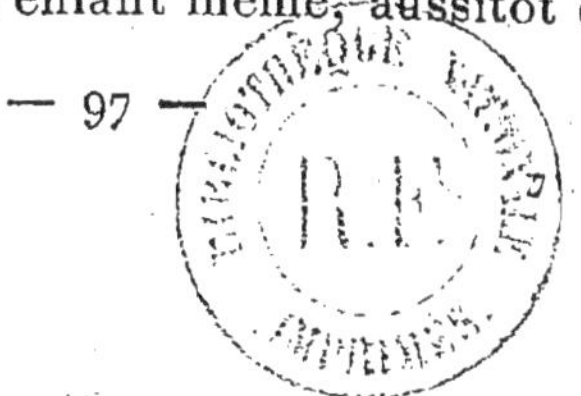

s'était montré, il avait dit : « Ego Dominus tuus. » Il semblait aujourd'hui le répéter à voix haute, car cet homme et cette femme l'entendaient tous les deux, tous les deux voyaient et comprenaient ce qu'ils avaient voulu ignorer, ce qui s'abritait sous leurs subterfuges et leurs illusions. « Je suis ton dieu. » Béatrice jeta les yeux sur le crucifix de l'oratoire, au pied duquel sa jeunesse avait adoré un autre Dieu, et la lutte la plus dramatique que puisse contenir une âme humaine commença de déchirer son cœur.

Elle se souvint, dans le même jardin d'avoir demandé :

« Que viendrait faire la douleur entre vous et moi ? »

Vous et moi ! La parole que Dante n'osait plus dire, mais dont l'ivresse était dans son silence.

Alors ils penchèrent tous les deux la tête dans une muette acceptation de leur destinée, quelle qu'en pût être la souffrance et les combats, parce qu'à cette heure, ils ne se sentaient plus la liberté d'y échapper.

Et Béatrice, cette fois, ne demanda pas à Dante de la quitter mais seulement d'ouvrir le manuscrit qu'il avait apporté pour elle.

CHAPITRE XXIII

« Il faut, les blés enlevés, laisser le champ reprendre dans un repos d'un an sa vertu primitive. Écarte le lin, l'avoine, le soporifique pavot. Ils dessèchent, ils brûlent la terre. Elle les pourra cependant supporter, pourvu qu'un épais fumier ou les sels de la cendre raniment sa vigueur épuisée. »

Dante lisait ces passages où le poète des Géorgiques traite sans émotion apparente des objets familiers :

« Les olives ne se présentent pas toujours sous une seule et même forme, rondes ici, allongées ailleurs. »

Béatrice goûtait la sonorité harmonieuse du vers virgilien. Elle suivait avec intérêt la traduction qui leur était donnée, et le sens des paroles désarmait sa prudence : sans doute aucun danger d'excitation sentimentale n'était caché dans ces froids conseils donnés aux laboureurs.

« Ne laisse manquer tes chèvres ni de feuilles d'arbousiers, ni d'eau fraîche ; que leur étable, exposée au soleil du midi, les défende des aquilons quand le verseau, déjà sur son déclin, attriste de ses pleurs les derniers jours de l'année. »

Cependant les mots allaient, autour de deux cœurs troublés, appeler la nature entière et sa dangereuse beauté. Car le blé n'est pas seulement la récolte, plus ou moins rémunératrice suivant les soins qu'elle reçut. Le blé est aussi la moisson dorée qui frissonne sous la brise. Dans la poésie antique, l'épi n'est pas seulement une marchandise et la faucille un outil, ils sont, au front et dans la main de Cérès, un symbole plastique.

L'olivier n'est pas seulement la source d'un revenu facile, il est la parure des coteaux arides, l'arbre aux rameaux lourds qui jettent « une ombre divine » propice à la douceur de vivre.

Les animaux ne sont pas seulement producteurs de lait, de viande ou de laine, ils sont l'immortelle poésie des troupeaux qui descendent vers la plaine dans l'air bleu du matin. Toute la magnificence des heures et des saisons les enveloppe : le bélier, le taureau et la chèvre donnent leur nom aux étoiles :

« De ses cornes dorées le taureau céleste ouvre le cercle des mois. »

Dans l'esprit du jeune homme pénètre chaque jour davantage le conseil antique : « Observe la nature, observe l'amandier lorsqu'il se couvre de fleurs et courbe vers la terre ses branches chargées de parfums. »

Alors, dans le commentaire du livre, ouvert sur les genoux de Béatrice, passait un double frémissement. Conservée sous la cendre du temps, la flamme ancienne s'animait au souffle nouveau. Dans la poésie de Virgile brûlait la passion de Dante.

Paisible et rassurée, Béatrice écoutait leur voix — elle ne parlait pas d'amour, mais de la terre, de la verdure et des eaux — sans savoir que l'heure allait venir, et elle était déjà venue, où il lui semblerait vivre, désirer, aimer avec cette terre, cette verdure et ces eaux. Car l'essence de toute poésie est de rendre l'humanité à la nature et la nature à l'humanité.

« Telle est la puissance du printemps, il donne aux bois leur feuillage, aux forêts leur sève. Au printemps la terre s'ouvre, impatiente de recevoir les germes créateurs. Règle-toi sur la nature quand, du sommet des montagnes, la neige commence à s'écouler, quand la glèbe s'amollit et cède aux souffles du zéphir. »

Ainsi l'étude n'avait pas été propice, plus que la danse, le monde, ou le silence, à ce rêve innocent d'amoureuse amitié auquel la sage fiancée de Simoné de Bardi s'était abandonnée en lisant le premier sonnet de Dante.

« Taisez-vous », supplia-t-elle.

Le livre, qui mettait entre eux une présence fragile, se ferma sur les dernières paroles des Bucoliques :

« Tous nos efforts ne sauraient tromper l'amour. En vain nous irions, au plus fort de l'hiver, boire les eaux glacées de l'Hèbre, en vain nous affronterions les neiges et les pluies de la Thrace. En vain, dans la saison où l'écorce meurt desséchée sur la cime des ormes, nous ferions paître nos troupeaux sous le soleil brûlant de l'Éthiopie ; l'amour triomphe de tout, et nous aussi cédons à l'amour. »

Béatrice était si grave et si pâle que Dante, craignant de la perdre à jamais, s'enfuit du jardin.

CHAPITRE XXIV

La vision profonde et précise de la magnificence de l'univers dont l'œuvre de cet homme devait garder le reflet, le pénétra pendant qu'il errait alors, chaque jour plus fiévreux, dans la campagne italienne. Son ardente passion, aux courtes joies désespérées, hâtait le rythme de vie en son être physique et moral. Et comme dans toute fièvre, l'acuité des perceptions était exacerbée.

Il ne devait rien oublier de ces sites : « Les petits ruisseaux qui, des vertes collines de Carentino, descendent jusqu'au fleuve, en se frayant des lits d'une molle fraîcheur, sont toujours devant moi. »

L'onde qui baigne les paysages dantesques, il la vit luire en cet Arno, près duquel il marchait rêveur. Elle était là « comme un cristal transparent et net autour des roseaux », elle était « éblouissante de splendeur » entre deux rives « qu'émaille un éternel printemps ». C'est peut-être de la terrasse de Béatrice qu'il avait vu le fleuve dans la gloire du couchant « brillant d'étincelles qui se mêlaient aux fleurs, pareilles à des rubis enchâssés dans de l'or ».

Le ciel, il en a pu décrire et l'éclat et les teintes mourantes, car il en avait fait l'horloge merveilleuse qui marquait l'instant de son retour auprès de Béatrice, heure inoubliable « qui remplit d'une tendre émotion ». L'heure mélancolique « où l'homme ressent de nouveaux aiguillons d'amour, lorsqu'il entend la cloche du soir pleurer le jour près de mourir ».

Et ils les entendaient, ces cloches de Florence, qui avaient accompagné d'un fervent carillon leurs premières rencontres, et elles semblaient pour eux la voix des choses exhalant, dans le soir, le cri d'amour qui montait en eux comme en elles.

Alors ils voyaient se lever cette étoile inspirant à Béatrice des réminiscences bibliques. Mais l'Alighieri, tout bas la nommait « Vénus ». La jeune femme éprise, par lui et comme lui, de cet univers dont son verbe enflammé lui avait révélé la beauté, essayait pourtant d'y sentir la présence unique d'une divinité en qui est la loi des énergies matérielles et spirituelles. Cette parole religieuse, portée par une voix si chère, entrait pour jamais dans l'entendement du jeune homme, la souffrance devait un jour en retrouver les espoirs dans le désert de sa vie, comme on retrouve un peu d'eau dans l'outre remplie par la main prévoyante d'une femme « qui mit le ciel en son âme ».

Mais à cette heure, la grande leçon de la nature n'était encore, pour cet homme passionné, que l'appel aux voluptés dont le monde se perpétue. Les dieux antiques demeuraient un nom mélodieux donné à chacune des activités joyeuses et fécondes de la vie.

Dante montrait à Béatrice l'implacable logique des lois nécessaires, et ils n'étaient plus que deux forces appelées l'une vers l'autre, deux formes de l'antique désir auquel tout autour d'eux cédait avec une docilité sainte.

Quelle complicité à de telles paroles dans les parfums du soir qu'épandaient les roses du jardin de Simoné. Là encore, la nature semblait affirmer sa volonté dans un expédient propice aux troubles éperdus de l'amour. Car le même instant, dont la lividité efface l'enchantement visible des fleurs, charge l'air obscurci de la puissance enivrante de leurs aromes.

CHAPITRE XXV

Le prélude orchestral des harmonies de l'univers s'était achevé dans la vie de Dante et de Béatrice. Les chóses avaient parlé seules autour de leur silence. Elles n'allaient plus être qu'un sourd accompagnement de la voix humaine. Si longtemps retenu par les lèvres de Béatrice, le chant d'amour enfin monta de son cœur.

Elle dit dans quelle joie de vivre sa jeunesse s'était écoulée parce qu'elle s'épanouissait sous le regard émerveillé de Dante comme une prairie en fleurs dans la lumière du soleil. De rencontrer son ami sur la place de la ville, au sortir de l'office, de toucher sa main, d'entendre sa voix, de recevoir l'aveu de son amour, elle avait goûté un tel bonheur, qu'elle ne rêva rien d'autre ni de plus doux que ces délices innocentes.

Et maintenant, c'était une extase sans mesure, c'était un ardent désespoir qui l'abattait haletante auprès du bien-aimé. Ils connaissaient la béatitude du sentiment partagé par leurs cœurs unis, mais leurs vies ne se pouvaient joindre qu'un instant rare, clandestin, dangereux, inassouvi, dont leur âme même ne pouvait pas jouir dans la paix, tant ils étaient possédés par la grande idée tentatrice de la fusion totale de leurs deux êtres à jamais séparés.

Cet à jamais, quand elle le prononçait avec une trop douloureuse conviction, provoquait chez l'Alighieri une rage propre à lui rendre sensible celle des damnés devant l'irréparable. Voyait-il alors, sur la porte du jardin de Simoné, le mot qu'il inscrivit au fronton de son enfer : « Il faut ici laisser toute espérance ? ».

Devant cette peine, qu'elle n'osait pas consoler, la voix de Béatrice se faisait molle et caressante :

« Si j'avais été votre épouse, il n'est pas de soins menus, de travaux vulgaires qui n'eussent été embellis par la volonté de faire votre vie douce et votre maison aimable.

— Je ne l'aurais jamais quittée au delà du temps utile au souci d'accroître votre fortune, car j'aurais voulu satisfaire tous vos désirs et même tous vos caprices.

— Je n'aurais eu d'autre caprice que les ajustements destinés à vous plaire et lorsque vous seriez rentré, un peu las, dans votre demeure, vous m'eussiez trouvée souriante et parée sur le seuil.

— Que ces retours sont tristes en mon pauvre gîte solitaire où vous n'êtes jamais venue !

— J'ai du feu dans ma cheminée, des servantes empressées autour de moi, un visage indulgent me fait face au repas, mais une femme a toujours froid, elle est toujours seule dans un logis dont l'amour est absent.

— Que ne suis-je ici le dernier de vos serviteurs.

— Si j'avais été votre épouse, j'aurais été fière devant tous, de m'appuyer à votre bras, j'aurais pu, sans remords à l'église, conserver dans mon cœur votre image présente. Ah ! vivre à la fois dans le bonheur et la vertu est-ce un rêve plus beau que la terre ? »

Elle était belle cependant, la terre, ce soir-là, et elle semblait faite pour suffire à l'homme. Au-dessus des verdures, jeunes, prometteuses de pain et de vin, si les yeux voulaient s'élever, ils rencontraient des cimes d'arbres et de collines encore tout ensoleillées. Leur teinte ardente n'était pas due seulement à la lumière attardée sur elles, mais à l'afflux des sèves qui rougissaient les bois et les bourgeons ouverts. Le ciel n'était pas infini, profond, lointain, il appartenait à la terre, il était l'atmosphère trouble et parfumée du printemps. Légèrement coloré, près de l'horizon, de la même pourpre qui fleurissait les collines, il se reflétait dans l'Arno. Des pigeons gris volaient de l'une à l'autre rive et battaient des ailes joyeusement en se posant sur les pins.

« Que tu le veuilles ou non, Béatrice, je possède ton âme tout entière. Dans ta maison, à la messe, ou dans les bras de ton époux, tu es mienne autant que tu le serais si tu portais mon nom. Et moi je suis à toi, depuis l'heure première où je t'ai vue dans ton enfance, et tu n'en peux rien empêcher ni en toi ni en moi. En te donnant à celui qui t'aime, tu n'accomplis rien qui ne soit déjà. Regarde autour de toi dans la nature. Elle a tout ordonné dans le dessein de nous livrer à l'amour. L'éclat des fleurs, la lumière des vers luisants, ta beauté, Béatrice, sont des appels de même sorte et l'expression de sa volonté souveraine.

— Si c'était vrai... si c'était vrai », murmurait-elle, et elle semblait hantée par un problème dont la réponse était plus angoissante que la vie ou la mort. « Ah ! dans mon âme, le bonheur porte ton nom ; il a ton visage et tout l'âpre désir que nous avons de lui, je l'ai de toi, mon bien-aimé ! et cependant.....

— Béatrice..... ne sens-tu pas autour de nous la sollicitude qui prépare l'union amoureuse. D'abord paraît le jour et ta beauté m'est révélée dans toute sa splendeur. La lumière prête à tes yeux son éclat, tes cheveux sont comme une soie brillante et ta bouche comme un fruit. Ta chair paraît aussi douce et transparente que le pétale des roses. Pendant que je suis devant toi, ébloui, peu à peu descend le crépuscule; dans son silence, son recueillement et son ombre tu pâlis ; mais tes regards sont baignés d'un mystère pathétique et il suffit d'un mot tendre et d'un bref émoi pour transformer l'admiration des hommes en amour.

« C'est alors que vient la nuit. Elle ressemble au fils de Noé qui couvrit son père d'un manteau, en détournant les yeux avec une indulgence infinie. La nuit, c'est le ciel qui ferme les yeux sur les ivresses de la terre.

« La voici, elle s'étend sur nous..... »

Le visage de Dante s'approchait de celui de Béatrice. Elle était sans force pour le repousser. Il semblait à la jeune femme que ce n'était plus elle mais lui qui commandait à son corps, abandonné déjà entre les mains du bien-aimé. Une indicible joie passa dans les prunelles de Dante et pour la première fois leurs lèvres allaient se toucher.

Celles de Béatrice s'ouvrirent, blanches comme l'hostie :

« Ah ! dirent-elles, ceux qui commettent le péché clouent de nouveau le Christ notre sauveur sur la Croix. »

Il la regarda, ou plutôt, comme il l'a dit plus tard « il regarda en elle », avec les yeux pénétrants des grandes minutes d'épouvante ou de douleur. Il ne devait jamais oublier celle-là.

« Adieu, Béatrice, dit Dante, je ne reviendrai plus. »

CHAPITRE XXVI

Il allait au hasard devant lui, en proie à une colère qui ne le quittait pas ; cette souffrance exaspérée s'éveillait en lui dès que sa paupière était heurtée par un jour nouveau, aussi dépourvu d'intérêt que la veille. Et la peine de Dante le suivait, détournant son attention de tous les actes extérieurs qui distraient l'esprit de la multitude des hommes.

Cette marche sans but, en occupant ses membres, donnait cependant un peu de calme à sa pensée, mais il avait dû abandonner les chemins qui suivent l'Arno, ceux qui traversent les champs ou gravissent les collines. Ces paysages peuplés de ses rêves, avec une fidélité cruelle lui en présentaient les fantômes en robes de joie. La rivière lui était une ennemie qui ravageait sa blessure.

La splendeur du printemps de la Toscane l'offensait comme une fête autour de son deuil. Il n'avait trouvé dans la beauté de la nature aucun autre sens qu'une excitation à l'amour inutile, aujourd'hui décevante et ironique.

Il restait donc à l'intérieur de la ville, évitant les quartiers nobles où il était connu. La souffrance fuit les importuns. Il parcourait les faubourgs et de préférence les plus pauvres, les plus malsains. Il lui semblait respirer là une atmosphère où se complaisait sa mélancolie.

L'artiste retrouvait son acuité de vision devant les enfants hâves, les femmes chargées de trop lourds fardeaux, les hommes marqués des stigmates du vice ou de l'épuisement. Il plaignait la misère humaine, mais il prenait à la contempler une obscure satisfaction.

Il s'éloigna surtout des chemins qui conduisent à la demeure de Simoné, il les connaissait tous, les directs comme les détournés, et chacune de leurs pierres et tous les buissons qui les bordaient; au temps de l'espérance, il les suivait chaque jour, même les jours vides où le seuil bien-aimé lui était interdit. Mais pouvait-il les nommer des jours vides ceux qu'il passait alors à évoquer l'heure choisie merveilleuse des rencontres prochaines? L'espoir emplit tous les instants, et quand il se demanda comment avait été employée, depuis des mois, sa vie, il ne trouva que cette attente.....

Et maintenant, il n'y avait plus rien..... La désolation de Dante était donc dépourvue du secours des habitudes qui aident à vivre. Elle n'avait pas davantage celui des amitiés. Ses compagnons d'enfance s'étaient éloignés de lui, à cause de cette attitude hautaine propre à tout homme absorbé dans l'incessante méditation de sa hantise secrète.

D'autre part, aucun secours intérieur n'était en son âme où rien ne vivait plus que la passion humaine. Elle l'avait détaché de toute autre dévotion. Sa foi religieuse était impuissante à pacifier son cœur. Refroidie par des sentiments opposés à la morale chrétienne elle s'était dressée entre Béatrice et lui. Elle avait inspiré la parole définitive qui avait désenchanté sa vie. Et quelle parole! propre à fausser l'intelligence de l'absolu divin. Une formule vide, un lieu commun du mysticisme populaire destiné à émouvoir la sensibilité des femmes, afin d'intéresser à leur vertu ces mêmes puissances affectives auxquelles la tentation s'adresse.

Cependant, à certaines heures, Dante avait conscience de n'avoir pas été arrêté seulement par des mots, mais par l'âme même de Béatrice qui s'était dressée, plus forte que la chair, avec une certitude de désastre et de profanation.

Dante suivit la foule aux églises le jour de Pâques, son espérance d'y rencontrer Béatrice fut déçue. Les fleurs, les lumières, les chants, les oriflammes, invitaient les fidèles aux transports d'une sainte joie. Le jeune homme s'enfonça dans une tristesse plus âpre, il souffrait tant qu'il envia les fervents capables d'oublier leur personnelle misère pour se réjouir dans la gloire du Christ à laquelle lui se sentait si froidement insensible.

« J'ai tout perdu à cause de toi, disait-il; si j'ai respecté cette femme, c'est qu'elle avait ton nom sur les lèvres et ta divinité dans son âme. Et maintenant, je suis comme les apôtres au soir du crucifiement, mornes et frustrés devant le corps sans vie d'un homme auquel ils avaient tout sacrifié. Tu es ressuscité pour eux.....

A cause de toi, je n'ai plus ni avenir ni espérance, ni amour, et tu demeures un cadavre en moi. »

Mais dans le cœur de Dante, en ce jour de Pâques, le Christ ne ressuscita pas.

CHAPITRE XXVII

C'est alors que le visage de l'Alighieri perdit cette fleur de la jeunesse qui en avait enveloppé les traits aigus. La courbe lisse et allongée, qui limitait sa face, se déprima légèrement sous les pommettes, ses paupières s'alourdirent. La saillie des mâchoires et du menton s'accentua, ses rares amis étaient habitués aux brumes de son regard, mais ils remarquèrent le sourire brusque, nerveux et triste des lèvres plus serrées.

A l'un de ces hommes Dante avait autrefois témoigné quelque confiance et soumis ses premiers essais littéraires... Guido Cavalcanti, alors dans toute la force de son talent, avait reconnu un poète et avait été frappé de la personnalité de ses impressions touchant à l'amour. Rien n'y rappelait la manière du voyageur qui, sans sortir de son logis confortable, imagine le récit sensationnel de ses pérégrinations. On sentait que l'homme qui décrivait là son pèlerinage pathétique avait vraiment traversé les sables et qu'il avait erré, haletant de soif, dans le désert, à la recherche des fontaines.

« Toutes mes pensées parlent d'amour », a dit Dante de lui-même. Il n'était pas seul à s'en être aperçu. On le devinait fervent et dévoré. Son silence même l'entourait d'une atmosphère passionnée.

Des noms de femme autour de lui étaient murmurés. Son assiduité intermittente semblait désigner la belle Piccardia. Mais l'élue doutait la première d'une préférence si souvent démentie par d'inconscients témoignages de froideur et d'ennui. Elle cependant s'était prise aux quelques marques d'amitié qu'elle avait reçues et elle souffrait lorsqu'après avoir recherché sa présence il restait morne et distrait près d'elle.

Un jour Dante se laissa conduire à une assemblée par quelques jeunes hommes. Ils lui reprochaient avec une indiscrète curiosité son humeur insociable.

« Qu'as-tu? lui disaient-ils.

— Pourquoi fuir, aux plus belles heures de la vie, la danse et la gaieté?

— Ta maîtresse te trompe? demanda l'un.

— J'en ai tant, confessa nonchalamment Dante, que mon idéal n'est pas fidélité mais caprice. »

Il y avait peut-être dans ses paroles une intention plaisante, mais le visage demeurait grave. Les sourcils abaissés sur des yeux durcis, Dante regardait la foule où toutes les belles femmes de Florence étaient réunies, sauf une.

Il alla vers de nobles dames groupées pour le plaisir des yeux. Il complimenta l'une sur sa coiffure, l'autre sur la façon dont elle la portait. Il trouvait pour toutes un mot qui les faisait sourire d'aise ou de gaieté. Mais cette bonne grâce inattendue leur eût semblé plus précieuse si elle avait été moins équitablement répartie ; chacune se mit en frais pour garder près d'elle le bel Alighieri, si distant d'habitude et si absorbé.

« Je veux, dit-il à la plus charmante, écrire un poème à la louange de votre beauté.

— Ne me désignez pas ouvertement, demanda-t-elle avec des mignardises, mais faites un jeu où les mots en tête de chaque ligne par leur lettre initiale exposeront mon nom avec un mystère que nous serons seuls à pénétrer.

— Cette discrétion vous serait offensante et semblerait un oubli. Vous êtes pour mon cœur une bien-aimée, j'en compte soixante dans Florence et le nom de toutes y sera. »

Il n'écouta pas les injures dont fut prodigue le courroux de la dame, car il songeait à faire, comme il l'avait dit, un poème où, pour la volupté d'écrire le nom qui montait de son cœur à ses lèvres, il en jetterait à tout hasard cinquante-neuf autres.

La belle Romée lui demanda pour quelle cause on ne le voyait plus, et s'il pensait à se faire moine.

Il lui répondit que sa vue passerait la vocation au plus saint homme et il resta quelque temps près d'elle, à cause de la perfection majestueuse de son profil. Les lignes d'un visage ou celles d'un horizon peuvent enchanter les yeux d'un artiste par une même révélation de la beauté.

Il demeura davantage aux côtés de la noble Amicia. Elle avait le don d'exprimer des pensées banales avec des mots qui leur donnaient une saveur de nouveauté. Tout homme cultivé était sensible au charme de sa conversation, autant qu'à l'honneur d'en être favorisé.

Cependant l'insignifiante Pilaria étouffait de jalousie et vint se mettre entre eux. Elle parvenait quelquefois à intéresser Dante en lui répétant les propos flatteurs qu'elle entendait tenir sur ses talents. Elle y joignait, sans fierté, les témoignages d'une admiration plénière. Et c'est bien là le plus efficace des baumes dont une main adroite puisse enduire les blessures de nôtre faible cœur, où l'amour-propre survit à tous les amours.

Pilaria à Dante apporta des gâteaux. Il ne put se défendre de répondre à sa politesse en lui offrant quelque boisson. Ils furent vers les vendeurs de vin doux propre à chasser la tristesse.

Les musiciens, assis près d'eux, jouaient un air alerte et charmant qui rythmait les danses. Le soleil, doré par le soir, pénétrait au travers des feuillages à l'ombre légère desquels s'agitait la foule. Ses rayons divisés dessinaient sur les robes des arabesques qui prenaient la couleur éclatante et variée des soies. La claire musique des rires se joignait au chant des violes. Le spectacle était empreint de cette intensité de vie, de lumière, de joie, contre laquelle l'âme des poètes, à certaines heures, est sans défense. L'allégresse latine mêle toujours au plaisir quelque passion. Elle brillait dans les regards favorables jetés par les femmes sur l'Alighieri. Il entra dans la ronde, dansant avec habileté comme il faisait toute chose. Il allait de l'une à l'autre sans préférence et sans regrets. Il s'attarda pourtant en face de la Sorella. C'était une dame de mauvais renom dont le mari, possédé par le démon de l'avarice, était accommodant aux fantaisies de son épouse qui lui valaient quelques nippes dont elle tirait vanité.

Elle avait une façon de danser qui laissait des doutes sur sa vertu. Dante la serrait dans ses bras plus qu'il n'était nécessaire au rythme envolé des Tournantes. Le rire du jeune homme, ardent comme toutes les manifestations de sa personnalité, se mêlait au rire de la Sorella.

Quelques heures plus tard, de la salle où Simoné en face de son épouse achevait son repas, la fenêtre était ouverte, les chandelles vacillaient aux souffles de la nuit. Le silence pesait sur la maison. Il était profond autour d'elle, les eaux calmes de l'Arno glissaient sans bruit entre les herbes.

Les chiens aboyèrent. Ils étaient attachés auprès de l'écurie et l'on entendait entre les coups de gueule, leurs sourds grognements d'alarme.

Simone s'approcha de la fenêtre. La nuit était sans lune. Il ne vit rien d'insolite en son jardin plein d'ombre au fond duquel le profil des ifs se détachait très noir sur le ciel obscur.

Auprès d'eux cependant, sur le sol tiède encore de la chaleur du jour, un corps était étendu. La teinte effacée des vêtements ne se distinguait pas du sable de l'allée. Sur le bras replié s'appuyait le visage. Dans le jardin de Béatrice, seul dans la nuit, Dante pleurait.

CHAPITRE XXVIII

La première fois qu'il la revit, ce fut à des épousailles.

Béatrice avait dû, ce jour-là — en considération d'une ancienne amitié — paraître à l'une de ces fêtes dont sa dépression morale et physique la tenait, depuis plusieurs mois, éloignée.

Dante l'avait tant cherchée en vain! On n'avait célébré sans lui dans la société florentine nul événement joyeux ou funèbre. Il stationnait comme un pauvre aux porches des églises, il fréquentait les boutiques où les dames prennent leurs ajustements. Il en était venu à perdre tout espoir de la rencontrer jamais.

Ce jour-là, il discutait avec quelques notables des finances de la ville. L'instinct, qui pousse la vigne à croître dans le sens où elle trouvera quelque support, l'intéressait maintenant à la politique, à laquelle il songeait si peu, au temps où les subtilités de l'amour étaient l'unique aliment de son activité mentale. Que d'hommes vivent ainsi de pis aller lorsque leur manque le pouvoir, la chance ou le courage de réaliser le rêve vers lequel furent leurs premiers élans.

Béatrice lui apparut toute proche. Alors les mots qu'il allait dire se brouillèrent sur ses lèvres. Elle souriait, amène et polie, aux femmes qui l'entouraient. Il la retrouvait pareille à l'image gravée en lui au jour du brusque adieu, pareille et différente pourtant, son regard douloureux était le même qui avait suivi Dante une dernière fois. Cette expression semblait figée dans les prunelles ; de même qu'une heure désastreuse demeure, à jamais marquée sur le cadran de l'horloge arrêtée par la même main qui a fermé des yeux trop chers. La pâleur avait ce jour-là remplacé sur le visage de Béatrice l'éclat des aveux d'amour. Elle enveloppait encore aujourd'hui ses traits. Mais les traits mêmes étaient modifiés. Ils étaient affinés par un amincissement qui pinçait les narines et tendait un peu la bouche, son épaule n'était plus aussi ronde.

Béatrice paraissait touchante, un peu moins belle peut-être. Mais Dante était hors d'état de s'en apercevoir. Il devint aussi blême que la jeune femme et comme on s'étonnait déjà de son malaise, il feignit d'être souffrant et détourna les yeux du visage bien-aimé. Il ne vit donc pas sur lui s'étendre un voile d'angoisse et de désolation. Quelqu'un dit : « Voyez donc, Dante Alighieri semble incommodé par l'abondance des mets. » Il entendit des rires des femmes et bientôt après la voix — dont il n'avait pas oublié les accents émouvants — s'éleva indifférente, presque ironique pour donner le change sur le trouble révélateur qui les avait saisis.

De ce qu'elle s'était montrée plus forte que

lui — déjà détachée peut-être — il lui garda quelque rancune ; ainsi la vue si désirée de Béatrice ne lui avait apporté que de nouvelles douleurs.

Il s'en plaignit dans l'un de ces chants à sa louange, qu'il n'osait plus lui faire parvenir.

« Si elle connaissait l'état où je suis, je ne crois pas qu'elle se moquât de moi. Elle me prendrait en pitié.

« Un seul esprit vit encore en moi, Béatrice, parce qu'il s'occupe de vous... Votre souvenir épuise mon âme. Alors je veux vous voir, croyant trouver la guérison... Et si je lève les yeux pour vous regarder, un tremblement s'élève dans mon cœur qui me fait tomber sans pouls et sans haleine. »

Dante résolut de ne plus paraître dans le monde florentin.

CHAPITRE XXIX

La Sorella, en jupes de velours, troussée jusqu'au milieu du mollet, chemine dans la boue noire d'un bas quartier de Florence, où pour quelques sols elle s'est assuré la jouissance intermittente d'une chambre d'auberge médiocre.

Dès qu'elle y entra, comme cinq heures allaient sonner, elle fut pour la première fois soucieuse de l'indigence de ce logis d'amour. C'est qu'elle y attendait une proie plus fine que les étudiants râpés ou les gros marchands dont elle faisait son ordinaire. L'Alighieri n'était pas riche, peut-être, mais son grand air de visage et de geste l'annonçait élégant, dédaigneux, difficile. Il intimidait cette effrontée au point qu'elle avait failli renoncer à une conquête si reluisante.

Le plaisir cependant prenait presque un nom nouveau dès qu'il produisait ce trouble auquel la Sorella n'eut pas la prudence de résister. Jamais ses aventures coutumières n'avaient ainsi donné à la jeune femme l'ivresse de cette attente émue qui troublait son cœur.

Le cœur ! rien ne supprime ses manifestations inattendues dans les existences les plus tristes, les plus grossières, les plus bestiales. Ni l'oubli dans lequel il fut laissé des années parfois, ni l'abus qu'on en fait, ne l'atrophie, ne le gâte, ne le dessèche sans remède. Il demeure dans les âmes mutilées comme la sève dans certains bois abattus, gisants dans la cour d'un chantier, entassés sous un hangar. Mais il suffit qu'un peu de lumière un jour les atteigne, qu'un orage mouille leur écorce, que l'humidité d'un sol, où le printemps fermente, lentement les pénètre et des jets de rameaux vivants sortent du tronc coupé, et leur verdure est toute pareille à celle qui frissonne dans la forêt. Si on les posait l'une auprès de l'autre, nul ne pourrait reconnaître la feuille éclose à la cime du peuplier qui se balance dans l'air pur, et la feuille sortie des bourgeons inattendus de ces souches dont l'écorce pourrie se fend sous l'effort des racines neuves. Ainsi dans l'ordre de la tendresse, du dévouement, de l'idéal, il y a des survivances, presque des résurrections. Rien d'aussi grandiose ne se passait ici. Mais seulement la renaissance d'un peu de délicatesse et de sentimentalité dans une nature corrompue.

Ce n'est pas cela qui lui serait demandé. L'homme qui allait venir avait dans l'âme et dans les yeux une image ineffable. Celle d'une femme au visage grave et pur, d'un regard levé, d'un corsage étroit, boutonné jusqu'à la gorge sertie d'une collerette intacte et très blanche. Il ne demanderait à la Sorella que d'être rieuse et débraillée.

Tout ce qui chez cet homme a soif de beauté

est épris d'inaccessible et ne prétend pas se satisfaire. Dans l'agitation de la kermesse, il a senti la Sorella apte à recevoir ce qui lui restait à donner. Ils ont cru se comprendre et voici l'Alighieri chez elle, en face d'elle; flattée, heureuse d'un tel hôte, elle se met en frais de rêve et presque de spiritualité. Mais ce rêveur, ce spiritualiste ne l'entendra pas. Les poètes sont les plus dociles des hommes à l'impression momentanée qui les possède. La Sorella s'inquiète en vain de recevoir Dante dans une auberge à rouliers. C'est un décor idoine aux sentiments qu'il y apporte.

CHAPITRE XXX

Pourquoi vint-il ce jour-là sur la place de l'église ? Afin d'échapper peut-être à la solitude de son logis, de satisfaire à ce besoin d'observer qui le prenait parfois. Un office s'achevait. Les portes de la cathédrale s'ouvrirent toutes grandes. Les fidèles sortirent.

Il les regarda sans curiosité, sans plaisir, avec un signe de tête ou de la main au passage des groupes familiers.

Comme il allait quitter la place il vit la silhouette très mince de Béatrice qui surgissait de l'obscurité du porche. Il en fut tout saisi, car la jeune femme ne suivait plus régulièrement les offices, retenue par la lassitude en son jardin écarté.

Que de fois jadis, le cœur en fête, il l'avait rencontrée là. Cependant, à cause peut-être de la brise d'automne qui s'engouffre ce soir dans son manteau, un caprice de sa mémoire entre toutes ces rencontres en distingue une, datant de plusieurs années, et la lui représente en tous ces détails.

Il revoit la jeune fille, ses vêtements frissonnants, ses formes généreuses. Elle l'avait salué ici même, dans toute la gloire insouciante des premiers espoirs de la vie.

Aujourd'hui, comme en cette heure inoubliable, Béatrice traverse le terre-plein et s'approche des marches ; son front un peu levé reflète du ciel la lumière pâle. Dans son visage aminci, les yeux trop grands semblent avoir emporté de l'église, la lueur des cierges.

Dante, au cœur ravi et déchiré, enveloppe Béatrice tout entière du regard de son amour. L'amour de toute une vie. Une synthèse de toutes les ardeurs, de toutes les tendresses dont peut battre le cœur de l'homme. Cet amour avait pris les formes voulues par l'enfantine candeur, l'adolescence éblouie, la jeunesse frénétique, la maturité puissante, et il avait toujours été le même amour. L'amour de désir, d'extase et de souffrance.

La splendeur féminine, qui s'était ici révélée à Dante, dans la robe flottante ne se modèle plus. Les tissus s'envolent encore frileusement ramenés, par la main longue et blême, autour du corps léger qui se perd dans leurs plis. Le cœur du jeune homme tressaille de douleur. Est-il donc vrai que la jeune vie de Béatrice s'éteint lentement dans un mal inconnu ?

Elle semble déjà spiritualisée et presque appartenir au monde des âmes. Elle est redevenue la sainte de vitrail au visage diaphane, aux contours effacés. Elle n'invite plus aux extases de la terre. Dante la contemple avec des yeux d'épouvante où vont sourdre des larmes. Cependant, une grande paix commence à descendre dans son cœur.

Béatrice ne répondit pas à son salut mais le regard qu'elle a posé sur lui n'affectait pas l'indifférence. Il y passait un douloureux reproche bientôt noyé dans la douceur d'une tendresse infinie. Et les paroles n'eussent pas mieux exprimé la pensée qu'il crut entendre :

« Je meurs de notre amour que tu profanes. Mais il est en moi si pur qu'il a mérité d'être éternel. Avec joie je quitterai cette terre qui nous sépare pour être à jamais ta bien-aimée dans le ciel. »

CHAPITRE XXXI

C'était la seule joie qui lui restât, la seule communication demeurée entre eux : ce salut que l'on accorde à tous.

Bien des années après, Dante avouait avoir trouvé « une excessive félicité » dans cette marque courtoise et cependant banale d'attention. Et voici qu'elle lui avait été refusée par la très juste Béatrice ; sans doute elle avait entendu mal parler de lui. Il se sentit plein de honte de sa conduite libre et cruelle envers les autres femmes. Hélas ! n'était-ce pas pour complaire à Béatrice, pour garder sa vertu d'épouse au-dessus du soupçon, pour dépister les curiosités, qu'il était allé vers elles et qu'un jour sa jeunesse et son dépit l'avaient abandonné à leurs entreprises.

Un découragement profond, un dégoût de toutes choses et de lui-même enveloppa Dante, une transformation semblait s'opérer dans ses sentiments qui lui enlevait toute ardeur à vivre. Il souffrit moins qu'avant ce jour de ne pouvoir presser la femme adorée sur sa poitrine. Il désira moins ses lèvres qui avaient perdu la pourpre des fruits mûrs, mais il se désolait plus amèrement d'être indigne d'elle et il songeait avec des regrets poignants à l'union magnifique de leurs âmes dans la splendeur des soirs dont jamais plus ils ne partageraient ensemble l'émotion.

Soirs divins qu'il avait perdus en cédant à l'instinct charnel d'en faire des nuits de volupté terrestre! Béatrice absente, morte ou offensée, un voile s'étendait sur la beauté du monde. Il était devenu la maison vide. De nouveau l'Alighieri voulut éviter les aspects de la campagne et de la ville où le souvenir de la très douce, de l'unique, de la bien-aimée était attaché, et les bas quartiers de Florence le virent encore errant, l'âme en déroute, cherchant en cette misère pour son pauvre cœur sans feu ni lieu un asile moins ironique.

Mais peu à peu, cette souffrance, cette laideur humaine dont il avait depuis des mois besoin de se repaître, allaient trouver dans son esprit plus humble une compréhension inattendue. Et Dante rêva d'écrire un poème de révolte et d'horreur, peut-être de pitié, où seraient peints les vices, les maux et les tortures des malheureux entassés dans les taudis des plus étroites rues de Florence.

La beauté n'existe pas en elle-même, elle ne commence d'être qu'à l'intant où, perçue par un esprit, elle devient une réalité. Elle n'est pas seule intéressante pour le penseur. Tout aspect même repoussant des choses, toute abjection des sentiments peut exciter dans les âmes des réactions morales, des craintes, des désirs, des énergies où la puissance de la vie se révèle, et nous concevons implicitement, en face de la laideur comme de la beauté, la grande idée poétique de la lutte immortelle qui déchire le monde.

Dante avait la faculté de percevoir, propre à certaines individualités. Si absorbé qu'il fût en apparence, son regard aigu, effleurant les objets, avait aussitôt distingué le détail qui donne au type toute sa signification. Il voyait sur la face des hommes les traces d'usure ou d'avilissement, les déformations que le métier avait imposées à leur torse, à leur épaule, ou à leur main. La morne résignation du visage de certaines femmes racontait les drames obscurs. Le regard craintif ou sournois, qui guette les coups, avait paru dans les yeux enfantins où la faim souvent mettait aussi ses faiblesses et ses avidités.

Au crépuscule, toute cette plèbe grouillait dans une poussière malsaine ou dans la puanteur du ruisseau, égout collectif des maisons trop pleines. Et l'on entendait, par les portes ouvertes, des discours rudes, quelquefois des cris. Le problème de la souffrance se posait dans l'esprit de Dante jusqu'à l'obsession.

Mais, parce qu'il avait la réalité matérielle sous les yeux, son intelligence ne s'égarait pas, à la suite de tant d'autres, à chercher, de nos misères, la cause des causes dans le domaine métaphysique. En suivant un fleuve, on peut remonter jusqu'à sa source et voir ses premiers flots sortir d'un peu de boue ; ainsi, penché sur nos douleurs, il distinguait le lieu immédiat de leur premier essor. Et presque toujours nos fautes, les fautes contre la chair ou contre l'esprit, formaient ce limon dont il voyait sourdre le torrent des larmes humaines.

A Florence, et dans toutes les villes connues ou ignorées du monde, les abrutis, les infirmes, les crève-la-faim sont les victimes des autres ou d'eux-mêmes, les opprimés de la malice universelle.

Ceux qui devaient donner à ce peuple la lumière, la paix, la sérénité, le pain, ont manqué à leur devoir et ce peuple lui-même s'est complu dans sa fange, dans toutes les paresses, et toutes les débauches, et tous les excès. Une grande colère le prenait contre ceux-là qui avaient amassé dans le sang vicié des hommes et dans l'organisme social des germes de douleur. Le poète aurait voulu pour une heure être le justicier. Il l'était en rêve, imaginant des supplices pour venger sur ses auteurs impudiques ou rapaces la grande angoisse dont la rumeur montait dans l'énervement des soirs florentins.

« Pourquoi, diraient les maudits, nos fautes nous rongent-elles ? » Et il leur serait répondu : parce qu'elles ont rongé vos fils dans la moelle de leurs os et qu'elles rongent, chez tout un peuple, les biens nécessaires à la vie.

CHAPITRE XXXII

Ce soir-là, un enfant était devant lui, décharné, l'œil atone, bavant sur ses haillons. Il cherchait dans un tas d'immondices des fruits à demi pourris. Dante, comme tous les grands esprits, élargissait la portée d'un fait particulier. Il voyait, dans la misère et l'abandon du petit bâtard scrofuleux d'un ivrogne, les égoïstes passions des criminels crucifiant la pauvre chair humaine.

Sa pensée, sous cette forme verbale, avait été conçue. Au même instant jaillit en lui le souvenir ineffaçable d'une parole, prononcée celle-là, qui avait avec l'idée présente une similitude.

Dante pencha la tête, accablé encore une fois par la vision toujours renaissante qui brisait l'élan de sa jeunesse. La bande étroite du ciel, paraissant entre les étages supérieurs de la ruelle étroite, sembla s'élargir à la mesure d'un grand fleuve. L'Arno clair remplaçait l'égout stagnant ; sous les amandiers en fleurs, l'éclatant visage adoré, tout proche, exprimait enfin cet égarement heureux si longtemps attendu. Le beau corps inconnu s'abandonnait.

Dante avait vu palpiter les yeux humides, battre la gorge prête à crier d'amour et de joie.

Alors les lèvres s'étaient ouvertes :

« Ah ! ceux qui font le mal, avaient-elles dit, clouent de nouveau le Christ, notre sauveur, sur la croix. »

Et Dante avait senti ce corps de femme se raidir inexorable et désespéré dans ses bras.

Ainsi elle savait cela, elle ! La faute qui paraissait auguste dans l'odeur des roses du jardin de Simoné était spécifiquement la même qui avait jeté cet enfant au ruisseau fétide des rues florentines. La vérité morale que tout l'effort intellectuel d'un homme fut lente à trouver, une femme sainte, humble et docile, la possède et l'exprime sous une forme où le plus faible cœur peut trouver pour lui rester fidèle une force invincible.

L'auteur de la vie incarné dans l'humanité, souffrant avec elle dans chaque lambeau de chair, dans chaque âme, dans chaque cœur, où la vie est combattue, déchirée, diminuée. L'incessante agonie du Dieu recommençant dans chaque être blessé par les violences humaines. La solitude en chaque abandonné, ses sueurs et sa soif chez les miséreux et les malades.

Béatrice! autour de son pâle visage apparaît l'auréole de la sagesse. Toute rancune, tout désir de revanche sont bannis du cœur de celui qu'elle a repoussé. Et il allait jour par jour, jusqu'au dernier de sa propre vie, envelopper l'image épurée de cette femme d'une tendresse idéale, dans une exaltation où les sens n'auraient plus de part.

C'était bien ainsi qu'il l'avait aimée, le jour où la voyant pour la première fois, il l'avait prise pour une sœur des anges. Son corps aujourd'hui dans sa grâce et son alanguissement retrouvait le contour frêle et la forme virginale des adolescentes.

CHAPITRE XXXIII

Dante et Béatrice ne devaient plus échanger aucune parole en ce monde où leurs deux noms demeureraient à jamais unis. Lorsqu'il la rencontrerait — si rarement — un long regard entre eux échangé montrerait seul au jeune homme, dans le corps dévoré, l'âme resplendissante d'amour et de vertu.

C'est sous cet aspect qu'il devait l'immortaliser :

« Dans le cas où il plaîrait à Celui par qui toutes choses existent que ma vie se prolongeât, j'espère dire d'elle ce qui n'a jamais été dit d'aucune autre. »

Altière promesse qu'il a tenue, Béatrice est la seule femme dont la passion d'un homme donne aux siècles à venir une image parfaitement pure. Béatrice est pour nous comme pour Dante une apparition céleste et presque immatérielle. Elle n'a pas ouvert à celui qui l'aima le paradis des délices humaines, mais elle lui a ouvert le paradis divin et il peut en toute vérité la nommer : « Celle qui lui a donné des ailes pour le vol sublime ».

Le plus grand rôle qui puisse être dévolu à une femme, n'est-ce pas celui-là ?

1053. — ÉVREUX, IMPRIMERIE CH. HÉRISSEY. — 6-27